運動大好き！はつらつをアピール。

運動テストの趣旨は、心身ともに、バランス良く成長しているか、を観察するところにあります。よく学び、よく遊ぶ子こそ、無限の可能性を感じさせてくれます。テストで実施されている種目は、普段の遊びの中に見られるものが大半。のびのびと体を動かして遊ばせる時間も大切にしたいものです。

跳び箱では、おもに「よじ登って跳び降りましょう」と指示されます。元気をアピールできる種目です。

「♫♫」普段からゴム段跳びの歌で遊んでいる子なら、リズムよく、華麗に跳びます。

指示に沿って『動物模倣』。たとえ人前でも、子どもらしく、てんしん爛漫に演じられたら満点です。

本番さながら、わが家でリハーサル。

いつもお外でのびのび運動を。でも、少し広めのスペースがあったら、
お家に仲良しのお友達を招いて、運動テスト仕上げのリハーサルをしてみましょう。
きっと本番の雰囲気が体験できます。

『鉄棒』は、どれだけ長くぶらさがっていられるかがポイント。ゆっくり数えて「10」まで我慢ができたら合格!

大縄跳びは「イチ・ニイ・サン」。声を揃えてみんなで跳べば、ゲーム気分で盛りあがります。

『ドリブル』は足の内側で上手にボールをコントロール。こればかりは遊びの経験差がものをいいます。

一人縄跳びの苦手な子は、把手の長い練習用の道具から始めましょう。これで、足にかからず跳ぶコツがつかめます。

テーブルを使った『体支持』や、床に手をついておこなう『腕立伏せ』は、出来ない子どもも多いようです。

平均台を歩くときは、あごを引いて、胸をはって。砂場のふちで練習した成果を披露しましょう。

ボールを投げたり受け止めたり。二人の呼吸が大切です。本番では、在校生のお兄さんやお姉さんがお相手です。

『模倣体操』は、体操そのものより「正しく真似る」点がカギになります。大人の指導が多少必要な種目です

『的当て』や『玉入れ』は一投への集中が大切「下手な鉄砲も…」は通用しません。ボールは3つが普通です。

みんな揃って『前跳び』スタート。途中ひっかかっても止めてはだめ。テスターの制止があるまで、何度でもトライしましょう。

上手に『前転』するコツは、おへそを見る格好をとること。おでこからでなく、頭の上から入りましょう。

順番待ち『待機』のときも、テスターは観察しています。きちんと座って、他の子の演技に注目しましょう。

お母様の手で指導する

小学校入試
指示行動と運動

指示行動と運動／目次

第1章

テストに向けての準備

第1章
テストに向けての準備

出題の趣旨を把握する

小学校入学における運動テストは、次の3つを考査することが目的です。

『身体的発達』

歩く、走る、まわる、跳ぶ、投げる、ぶらさがる等、基礎的な運動を通じて、年齢にふさわしい運動能力が備わっているかどうかを考査します。

『精神的発達』

出題された運動をおこなう際の、「集中力、忍耐力、決断力」等が年齢相応に備わっているかどうかが観察されます。

『社会的発達』

集団で取り組むゲームや、リレーによる競技を通じて、他の参加者との協調性など、「集団の中での行動」が支障なくおこなえているかどうかが観察されます。さらに、集団の中で、テスターの説明に注意を払う、他の子どもの競技を見る、順番を待つ、等を通じて、集団の中で秩序ある行動ができているかどうかも観察されます。

人よりも優れた運動能力は、たいへん魅力的な素質です。しかし、スポーツ校やサーカスの団員になるためのテストではありません。健全な身体と学力、優れた社会性を持つ子を育てるための入学試験であり、そのための教育をおこなうにふさわしい、年齢に応じた基礎的な運動能力を持っているかどうかを考査することが目的です。

したがって、テスターのお話に対する理解力や集団の中での行動等も、考査の重要なポイントになります。テストに備えた心構えを整理すると次のようになります。

プログラムの選択

準備の第一歩は、子どもの発育にあわせて、年齢にふさわしいプログラムをたててあげることが大切です。ボール遊び一つをとっても、2・3歳の子と5歳の子では体力に違いがありますから、当然、おこなう内容にも違いがでてきます。1章の終りに「年齢別演習内容一覧」を掲載していますので参考にしてください。

出題例を把握する

テストに出てくる運動の種目名を確認するだけでなく、どのように実施されているかを実例として把握しておくことも大切です。本書を参考に、事前に親子で試してみることをおすすめします。それは、よくある思い違いを未然に防ぐことになります。

例えば、「跳び箱」と聞いて何をイメージするでしょうか。ほとんどの方が「馬跳びで跳び箱を越える」ことを思い浮かべるのではないでしょうか。しかし実際は、「跳び箱」の問題で本当に馬跳びで越えることを求めているのは、一部の学校だけです。出題校の7割が「よじ登って　跳び降りる」ことを要求しているのです。「縄跳び」についても、半分近い出題校が、「大縄跳び」すなわち、2人が縄を持って蛇ニョロニョロについての問題であったりします。3章の出題例を参考に、内容をしっかりと把握して下さい。

知育とのバランスを考える

多くの受験生の家庭では、とかく「知育教育」に時間をかけすぎて、運動が少なくなりがちです。習い事を優先させ、さらに都会では車での移動が多くなることもあって、運動の基礎となる「歩く」活動が減り、運動不足（＝運動が苦手、という結果）になります。スキップやケンケン・ケンパー等は、歩く動作の延長にあるのですから、お子さんと一緒に歩く中で、共に自然なかたちで学べるのではないでしょうか。

家庭での知育教育の合間に時間をもうけて体を動かせば、気分転換にもなりますし、とても良いと思います。

日常の遊びの中でおこなう

出題例にでてくる‘動き’の大部分は日頃の遊びの中にいろいろなかたちで出てきます。最近の子どもたちは、特に都会のマンション暮らしであったりすると、思いのほか、遊びを知らないようです。まして、受験の環境にあればなおさら、遊び不足になりがちです。

子どもは、本来、たくさん遊んで成長するものです。そのことを通じて体も造られ、また、集団での社会経験も蓄積されていきます。これは、子どもの成長にとって、自然の教えといって良いでしょう。受験生のお母さんは、遊びをもっともっと取り入れてあげるべきだと思います。

子ども同志で遊ばせる

多くの受験生は、スケジュールがいっぱいで、家に帰ってから遊ぶ機会が少なく、また、遊ぶための友達も少ないのが現実です。少ない触れ合いの中では、せっかく公園等に行ったとして、どのようにして仲間になったらよいか分からないこともあるでしょう。本当は様々な公園に出かけ、いろいろな遊具を上手に使って、様々な運動能力を高めたいところです。

そのような考えの方に、本書では第2章で受験生にふさわしいとっておきの運動スポットをご紹介しております。幼児向けの各種運動器具が揃っていて、小学校受験をひかえた親子も大勢来ていますから、親同志も子ども同志もコミニュケーションがはかれます。特に子ども同志では、他人との交わり方も学べます。

親も遊びを工夫する

受験の時代がながく続いたせいでしょうか、実際の話ですが、石蹴りを知らないお母さんもいます。遊びの形が変化したせいでしょうか、「まりつき歌」を唄ったことのないお母さんもいます。幼稚園の先生用のテキストをみますと、遊び方のガイドブックさながらです。それは、遊びのレパートリーが広い先生ほど、保育の上手な先生であることを示しています。

お母さんも遊びをいっぱい覚えて、子どもの成長に上手に生かしていただきたいと思います。

子どもを遊ばせる心得

子どもは、お母さんの声に敏感です。例えば子どもが雲梯（うんてい）で遊んでいる時など、「ああっ！」とか、「あぶない！」と大きな声を出した場合、びくっとして、雲梯から手を滑らせることがあります。子どもは、遊びに夢中の時もありますが、危険を知らせる親の声には反射的に反応することも多いのです。

遊びをさせる時は、どのような時でも、指導者が手を出せる体勢を作っておくことが大事で、声は本当の緊急用。驚かせた結果、子どもが自分で状況判断する以前に意識がエアーポケットに落ち込み、単に動作をやめてしまうことがあるのです。指導者は、遠くから声を出すのではなく、いつでも手を出せるように心がけましょう。

気持ちにゆとりをもつ

受験をひかえた年長児が、夏の終りに、突然スランプになることがあります。ここまで順調にすすんできたのに、ドリルを見ただけで拒絶反応をおこしたり、チック症が出る場合もあります。小学校受験をひかえて、ハードな指導が継続的におこなわれ、子ども自身の心の中で、抑圧状態が不満や不安と意識された結果におちいる症状です。これは受験生10人のうち、２・３人に見られるといわれています。

この原因は、子ども自身が感じる不安感やプレッシャーに加え、母親のストレスがより大きなものとなっているといわれています。子どもの心は思いのほか敏感で、親の気持ちをそのまま写していますから、特に母親は、気持ちにゆとりを持って指導にあたらなければなりません。

音楽をとり入れる

3章の運動種目の実例に出てくる「リズム歩き」や「リズム打ち」「身体表現」等、リトミックの学習は家庭でも出来ます。レコードをかけ、リズムを取るだけで情操面に良い刺激を与え、ストレスの解消にもなります。幼児時代に帰って、『ポンキッキーズ体操』を久しぶりに復活させるのも楽しいのではないでしょうか。

受験生のいる家庭では、案外音楽鑑賞や観劇もよくおこなわれています。ちなみに毎年夏に上演されている演劇とバレーで、子どもたちにも評判の良いものを紹介しておきます。ぜひ生の感動を親子で味わって下さい。

■子どものための、シェイクスピア『リア王』

パナソニック・グローブ座（JR新大久保）

▼問合せ先…会場　TEL 03－3360－1151

■音楽とバレーでつづる『白鳥の湖』名場面集

スターダンサーズ・バレー団

東京芸術劇場を始め、千葉・神奈川・埼玉各地で公演

▼問合せ先…日本フィル　TEL 03－5378－5911

テストの当日は…

服装について

学校によっては運動テストの際に、体操着にきがえることを規則にしているところもあります。着替えはほとんどの場合、立ったままでおこないますので、あらかじめ着替えやすい服装を心がけておけば不安材料が減ります。　無用なところであせることもなく、自然な気持ちでテストに臨めるように配慮することは、重要な注意ポイントです。

会場の中で

名前を呼ばれたら、大きな声で「ハイ」と答え、右手をしっかりと上げます。また、最初に自分の名前を自己申告してから、実技をおこなわせる学校もあります。その際にも、テスターに声がはっきり届くよう、大きな声で元気よく名前をいいましょう。

テスターが説明を始めたら、ひとことも聞きもらしてはいけません。テスターの方に体をきちんと向け、姿勢を正してしっかり聞きましょう。

順番待ちの時は、案外とその子の普段の性癖が出やすいものです。リラックスしていてもかまいませんが、他の子どもの演技をしっかり観察しましょう。特に、隣の子とおしゃべり等するのは論外です。

これは余談ですが、得意でない種目の場合で競技前に順番にならぶ時、あえて後ろにならび、他の子の演技を参考にすると良い…という考え方もあります。時に応じた作戦もテストには必要です。

このように、テスト前の注意事項はいろいろあります。中でも最も大切なのは、「頑張ることが一番大事よ！」と常に教え聞かせることです。

例えば、平均台から落ちてしまうとします。ここであわててしまったら、何にもなりません。受験は、体操選手の卵を見つけるためのものではありません。災い転じて福となせ！の精神が大切で、それ以降、どのように競技を続けたかによって、テスターの印象は大きく変ってきます。むしろ、ここで「失敗した！」という危機にあたって、どのようにしっかりと立ち直ることができたのかがテスターの大きな関心となるのです。まさにどのように「福となす」かを観察しているのです。

平均台から落ちてしまったら…、テスターの制止がないかぎり、もう一度落ちた場所から平均台に登って出来るまで何度でもトライするべきです。ここでは、上手であるよりもくじけずに頑張る姿勢が大切なのです。

受験における「運動テスト」は、記録を競う競技会ではなく、あくまで子どもの成長や、課題にいどむ姿勢を観察するテストであることを忘れずに。

以上のように準備をすすめながら、試験が近づいてきましたら、親はいよいよ自分自身をリラックスさせ、子どももリラックス出来るように配慮します。栄養バランスにも気をくばり、睡眠にも注意を払い、風邪等まちがってもひかせることのないように…。

子どもの発育に添ったメニュー

2歳後半から3歳になると、身の廻りのことが少しづつ自分で出来るようになり、母親がそばに居なくてもひとりで遊ぶようになります。運動面では歩く・走る・跳ぶ等の基礎的技能が、幼いながらも身につき始める頃です。ボールころがしや、ボール受けをするようになり、何かにぶら下がる、などといったことにも興味を示します。従って、遊具を使って、初歩的な運動を開始する好機と考えてよいでしょう。

4歳時期は、言葉の知識が増えてくるため、親に対してなにかと質問するようになります。そして、大人の指示にしたがう、という面も身についてきますので、ルールを伴った遊びを教えることが可能です。また、行動全般が積極的になり、友達といっしょに、外で遊ぼうとする傾向も見られます。運動面では、何よりも歩きのスタイルが安定します。また、かけっこにも優劣がはっきり出る頃で、速い子の場合には、25メートルを7秒前後で走るようになります。この時期には、ゴムまりでキャッチボールが出来る男子や、上手にスキップする女子が現れます。

5歳は、基本的な生活習慣が身につく時期です。家庭では進んでお手伝いをするようになり、自分の役割分担をきちんとこなします。子ども同志の遊びの中でもルールが尊重され、ルール違反をする子がいれば批判したりします。遊びの内容も多様化し、男女の趣向の違いも現れてきます。女子の場合にはケンパーやゴム段遊びなどが、男子の場合には、ドッジボールやサッカーなどチームでの遊びもするようになります。運動面では、様々な動きの組み合わせも出来るようになり、この時期には運動テストでおこなわれる、ほとんどの種目にトライすることが可能です。

以上のようなステップを基本に考えて、無理の無いよう年齢相応の準備を致しましょう。次ページに年齢別の運動メニューを御紹介します。

年齢別運動メニュー

3歳児	徒歩	歩道の敷石や白線などを目安に、まっすぐに歩く
	かけっこ	１５メートルくらいに目標の物を定めて、そこへ向かって走る
	ボール	子どもと３メートル位離れた位置でのボールころがしをする
	マット	布団に傾斜をつけ、親が手を添えてでんぐりかえしをさせる
	鉄棒	３秒間を目標にぶらさがる
	縄跳び	親子で汽車ポッポ遊びをする
		『ヘビにょろにょろ』を跳ぶ
	ゴム段	１０センチくらいの高さをまたぐ
	四足歩き	はいはいの形をつくり、親子で歩く
	機敏性	グー・チョキ・パーなど、親と同じ動作をさせる
	リズム	音楽を聞きながら、親子で手拍子をとる
	動物模倣	実際に動物を見て、鳴き声をまねる
	指示行動	子どもの生活環境にある物を取ってこさせる
	ゲーム	親子で積み木やブロック遊びをする
4歳児	徒歩	歩きやすい音楽（曲）に併せて歩く
	かけっこ	走り方を教え２５メートル、８秒くらいのタイムを目安に走る
	ボール	自分で上に投げたボールを受け取る
		親がころがしたドッジボールをけり返す
		ドッジボールで『また投げ』遊びをする
	的当て	的を決めてゴムボールを投げる
	マット	布団の上で自力ででんぐりがえしをする
	鉄棒	１０秒を目標にぶらさがる
	縄跳び	前回し跳びをおぼえる
		大縄跳びで『大波小波』を跳ぶ
	跳び箱	親が膝を立てて馬になり、そこによじのぼって跳び降りる
	ゴム段	１５センチを両足で跳ぶ
	四足歩き	親がうつ伏せに寝て背中の上をクマ歩きで歩く
	機敏性	『あっち向いてホイ』などで遊ぶ
	バランス	砂場の縁などを歩く
	ケンケン	ケンケンで５～６メートル進む
	リズム	同じ速さの手拍子や楽器の打音を聞かせ、同じ数を打たせる
	動物模倣	鳴き声と、体の特徴をまねる
	指示行動	一度に二つの指示を与えて、行動させる
	ゲーム	『だるまさんが転んだ』などで遊ぶ

5歳児	徒歩	長い距離を歩かせる
		自分の持ち物を持って歩かせる
	かけっこ	走り方を再チェックし、２５メートル７秒を目安に走る
	ボール	手まり歌などにあわせて、連続してボールをつく
		ドリブルで立木をひと廻りする
		『ドッジボール遊び』をする
		ゴムボールでキャッチボールをする
	マット	連続して前転や横転をする
	鉄棒	前廻りをする
		２０秒を目標にぶらさがる
		ジャングルジムを登ったり、横に移動したりする
	縄跳び	連続で前廻りをする
		大縄を廻して、その中を跳ぶ
	跳び箱	親が小さな跳び箱になり、馬跳びをさせる
	ゴム段	走ってきて２０センチの高さを飛び越える
		ゴム段跳びの歌にあわせて跳ぶ
	幅跳び	砂場で子どもの身長以上を目標に跳ぶ
	機敏性	色々なルールの『鬼ごっこ』をする
		『赤上げて、白下げて』などで遊ぶ
	バランス	馬になった親の背中で立つ
		両手を広げた片足立ちや、目をつぶっての片足立ちをする
	ケンケン	地面に○を描いて、ケンパーやグーパーで進む
	四足歩き	クマ歩きで速く歩く
	リズム	四分・八分など、速さの違う音の組み合わせでリズムを打つ
	動物模倣	パントマイムで動物の物まねをする
	身体表現	パントマイムで職業を当てる
		パントマイムで『お母さんが何かをしてます』などをする
	模倣体操	親の体の動きを真似て体操をする
	指示行動	一度に三つの指示を与えて、行動させる
	ゲーム	自分達でルールを決めてゲームをする

第2章

指示行動

テスターの指示に沿って行動する

子どもの能力が幅広く観察できる『指示行動』

指示行動とは、指示された話の内容を理解し、それに従って行動出来るかどうかを見るテストです。話をきちんと聞ける子どもは、概して知的能力が高いと言われます。従って知育テストにおいても、『話の記憶』や『話の理解』などで、これに似た趣旨の考査がしばしば行なわれています。指示行動のテストを通して、運動面だけではなく、その子のもっている理解力・行動力・表現力など、幅広い面を観察することが出来るのです。それゆえ、学校側が特に重視するテスト種目の一つと考えられています。

そこで、具体的に実施されている指示行動のテストを、その形態で大まかに分類すると以下のようになります。

1、器械運動型
2、跳躍型
3、走運動型
4、表現型
5、生活行動型
6、ゲーム型

1、器械運動型

跳び箱によじ登ったり、踏切って台上に跳び乗り、そこから跳び降りて、きれいに着地したり、着地から、前転や平均台等へと技をつないでゆく、といった形のテストです。その他、マット上でクマ歩き・アザラシ歩きをしたり、ろくぼくを登る等、腕支持能力を試す運動が加わることもあります。

器械運動型の出題例

跳び箱（5段）によじ登る→マット上に跳び降り→前転→平均台→ろくぼく登り

類題・青山学院初等部／国立学園小学校

●身近に出来ることがる

器械体操は跳び箱やマット等、用具の事を考えると、家庭では練習しづらいと考えられがちですが、広めのお部屋があれば、踏み台用イスと、布団やマットレスなど柔らかいクッションを代用することで、家の中でも十分おこなえます。その際、周囲に壊れやすいもの、倒れやすい家具がないか、十分注意しましょう。家の中でそのような環境が作れるようであれば、自然に逆さ感覚や腕支持感覚といった、器械運動の基礎的な能力を養うことができます。一方屋外でしたら、公園の砂場の周りを囲ってあるブロックの上を、バランスをとりながら歩くことで、平均台の練習も可能です。

＊その他の練習方法＊

・御両親が跳び箱（四つん這い）になって、登り降りや跳ぶ練習をする。

・道路の白線や、家で床のフローリング目を線にして歩く。

・アスレチックや、大きなタイヤが埋めてある公園で、登り降り、跳び降りなどの練習をする

2、跳躍型

ケンケン・ケンパー、スキップ・ゴム段・なわ跳び等を、主に連続運動のスタート直後や運動と運動との間に行なうスタイルのものです。動作のテンポが良く、流れるように行なわれると、見ていて美しいものです。跳んでいるときの姿勢なども、評価のポイントとなります。指示行動の中で『跳躍型』は毎年最も多く出題されますので、かならず出来るようにしておきましょう。

跳躍型の出題例

スタートでケンケン→ゴム段を跳ぶ→イヌ歩きで三角コーンを回る→ゴム段をくぐる→ケンケンでゴール

類題／学習院初等科・慶應義塾幼稚舎

●リズム感覚を身につける

ケンケンやケンパー等は、3〜5歳頃までに遊びとしてぜひ、経験させたいものです。「グ・リ・コ」「チ・ヨ・コ・レー・ト」「パ・イ・ナ・ツ・プ・ル」を、ケンケンやケンパーで行なえば、跳躍力だけでなく、片足や両足で自分の体を支えるバランス感覚や脚筋力も養われると同時に、何よりもリズム感が身につきます。

また、跳躍運動の一つ『縄跳び』は、プロ・サッカーでも多くの選手がトレーニングに用いているそうです。跳躍力・瞬発力・リズム感、全てを鍛える格好の運動遊具です。

＊その他の練習方法＊

・ケンケンで『ドン・ジャンケン』をする

・走る→右足ケンケン→走る→左足ケンケンなど、手をたたいたり笛の合図で、すぐに次の動きができるよう練習する。

・友達と大縄跳びで『郵便屋さん』をする。

・『スキップ』2拍子のリズムに合わせて、手を叩いて教える。ゆっくり右右→左左→右　右→左左。初めはケンケンから、右右ケンケン→左左ケンケン……そしてスキップへ。

3、走運動型

『かけっこ』が中心とはいっても、走る速さを1人1人タイムで計測するのではなく、素早く次の課題に移行したり、3～4種目を、一定時間の間に何回繰り返せるか、といったサーキット形式の出題です。機敏性が問われるテストで、さまざまな種目と組み合わせておこなわれます。

走運動型の出題例

フープの中に立ち「ヨーイドン」でボールを1つ取って走り、○印の箱に投げ入れる→走ってフープに戻り、ボールを1つ取ってケンケンで進み、△印の箱に投げ入れる→走ってフープに戻り、ボールを１つ取ってフープの中から☆印の箱に投げ入れる。（止めの合図があるまで数回繰り返す）

出題／成蹊小学校

●外遊びで足を鍛えましょう

都会の子ども、とりわけ受験をひかえた家庭の子は、とかく外遊びの時間が少なくなりがちです。公園で鬼ごっこをするなど、解放された時間をもつことは子どもにとってたいへん必要です。日常の歩く・走るという動作こそ、子どもの運動能力の基盤となります。外遊びの好きな子に、運動の苦手な子はまれです。幼稚園やお稽古ごとの往き来なども、なるべく自分の足を使って歩かせましょう。また、自転車を使わずに買い物に出かけたり、ときにはミニハイキングに出かけたり、積極的に外に出る機会をもちましょう。

＊その他の練習方法＊

・走りを速くする指導「足の裏で強く地面を蹴り、ももを高く上げ、上半身を前に乗り出す型で前へ進む」

・足を早く回転させるのは案外難しいので、手を早くたくさん前後に振る様に指導する（自然と足も早く回転し速度があがる）

・『けいどろ』『ドッチボール』『氷鬼』『色鬼』など、走って逃げる遊びをする。

4、表現型

好きな動物になったり、歌を歌ったりして表現することが中心の課題です。恥ずかしがったり、緊張のあまり顔をこわばらせたりすることなく、のびのびと、楽しく体を動かせるようにしたいものです。

表現型の出題例

「森に住んでいる動物になって、岩に登る・草むらの中に隠れる・走って逃げる」

類題／慶應義塾幼稚舎・雙葉小学校

●『まねっこ』のすすめ

絵本を読んだり、アニメを鑑賞したあとには、その登場人物やキャラクターになりきって演じるよう、積極的に働きかけましょう。ペーパーテストに備えようとするあまりに、ストーリーを復唱させたり、質問したりばかりでは、子どもの感性は豊かに育ちません。子どもは『まねっこ』が大好きです。真似ることにより、今体験したお話の世界を、より鮮明にフィードバックさせることも出来るのです。

例『ジャックと豆の木』ぐんぐん　豆からつるが伸びて上へ上へと大きくなって行く・・しゃがんだ姿勢から体を左右にひ　ねりながら→手を合わせてロケットのようにして立ち上がり→両手を上にあげ、つま先　立ちになる。

●楽しく『手遊び』をする

むすんで、ひらいて

「むすんで　ひらいて　手を打って　むすんで　またひらいて　手を打って　その手を上に→おひさまキラキラ　おひさまキラキラ　おひさまキラキラ（両手を上にあげ、手を開いてまわす。）　…………　その手を横に→ひこうきブンブン　ひこうきブンブン　ひこうきブンブン飛んでます　」（両手を水平に広げ、飛行機の羽にみたてて左右上下させて走る）

アブラハムの子

「アブラハムには7人の子　1人はのっぽで　あとはチビ　みんな仲良く暮らしてる」

さあおどりましょう、右手→左手→右足→左足→頭→おしり→1回転

（順番に動きを増やしていく）

頭・肩・膝・ポン

『ロンドン橋落ちた』の曲に合わせておこなう。
両手を頭→肩→膝→手拍子　膝→手拍子　膝→手拍子の順におこなう。
次に、目→耳→鼻→口　鼻→口　鼻→口　目→耳→鼻→口　鼻→口　鼻→口と続ける

なにつくろう

「グーチョキパーで、グーチョキパーで何作ろう？何作ろう？　右手がグーで　左手がグーで　クマさん　クマさん（四つんばい）
…………　右手がパーで　左手がパーで　ちょうちょう　ちょうちょう」
（両手を広げ上下に振る）

5、生活行動型

指示された物の名称・数・順番等を理解し、指示に沿った行動が出来るかどうかを見るテストです。お買い物やお手伝いなど、日常生活の中での巧緻性能力も観察されます。

生活型の出題例

・スモックを着ましょう→次に靴と靴下を脱ぎましょう→脱いだ靴下はカバンにいれましょう。

出題／東京女学館

・果物屋・用品店・軍手屋の3つの店で指示された物をおもちゃのお金で買い籠に入れて持ってくる。 **出題／晃華学園**

・大中小3枚の折り紙の中から、中くらいの大きさの折り紙を選んで、三角になるよう半分に折り、それをまた三角になるよう半分に折り、開くところにのりをつけて止めなさい。 **出題／早稲田実業学校初等部**

●指示を与えるタイミング

家で母親のお手伝いが出来る子は、比較的指示に適格に対応することが出来ます。洗濯物を干す・雑巾をしぼる・服をたたむ・引き出しにしまうなどは、早いうちに生活習慣として身につけさせたいものです。女の子なら、お台所で料理、野菜の皮むき（たまねぎ等）なども手伝わせましょう。「こうして皮を剥いて、剥いた皮はここに入れて、剥き上がったねぎはこのお皿に……」といった具合に、普段の生活の中で指示を与える機会をもつことが大切です。なかにはお手伝いを嫌がる子もいます。それはお母様にも少々責任がありそうです。お母様自身がお仕事を楽しそうにすすめていれば、子どもはかならず関心を示します。その時が、お手伝いをさせる（指示をたえる）絶好のタイミングです。

6、ゲーム型

まわりの子ども達と一緒にドッチボール・リレー・神経衰弱等のゲームをし、その子どもの性格や集団の中での適応性、などを評価するテストです。

ゲーム型の出題例

『猛獣狩りに行こうよ』の歌を歌い、出てくる動物の文字数と同じ人数になって、手をつないで座る。

例：トラ→2人組み　うさぎ→3人組　ライオン→4人組

出題／お茶の水女子大附属

・『積み木移動リレー』グループに分かれて、走って積み木を移動する。

出題／暁星小学校

・タイコの鳴る音と同じ数の友達と手をつなぐ。

出題／湘南白百合学園小学校

●よその子と遊ぶ経験を

少子化時代の子ども達は、兄弟や友達とふれあう経験に恵まれていないかもしれません。特に都心に居住している場合は、他の子にふれあう機会を積極的につくってあげる必要がありそうです。幼稚園や習いごとなどで、いつも一緒にいる子とは仲良く遊べても、初めての場所で、知らない子の中に入ったとき、どのようにして溶け込んでいったらよいのか戸惑う、といった話をよく耳にします。これはまさに経験の差です。そうした機会を多くもつことによって、子ども自身が自然に学習してゆきます。子ども会の行事に参加したり、ときには地域の児童館にでかけるのもよいでしょう。近隣の児童公園の他、このあとに御紹介する『運動設備のある公園』や、児童の『遊戯施設』に足を運ぶこともお勧めします。

知っておきたい定番ゲーム

入試で実施された主なゲームについて、その遊び方をご紹介します。

引っ越しゲーム

円形に並べられた色の輪の中に１人ずつ入り、鬼が2色の名前を言ったら、その色の輪の子は隣以外の輪の中に急いで入る。鬼も交じって入るので、輪に入れなかた子が次の鬼になる。

なんでもバスケット

輪になってイスに座り、鬼は中心に立つ。鬼が、指示した事柄に当てはまっている人が、隣以外のイスに移動して座る。座れなかった人が次の鬼になる。
（フルーツバスケットと似ていますが、果物ではなく特定の条件を言います
（例：男の子・髪の長い子・兄弟ががいる子など・・）

ジャンケン列車

「ゴーゴーゴーゴージャンケン列車　ゴーゴーゴーゴージャンケン列車　ゴーゴーゴーゴージャンケン列車　今度の相手は君だ」という歌を歌う。始めは、それぞれ１人で列車の真似をして歌に合わせて歩き、歌が終わったところで近くの子とジャンケンをする。敗者が勝者の後ろから肩に手をのせて列車になっていく。同じように繰り返し、最後まで勝ち抜いた人が先頭で１列の長い列車が出来る。

手つなぎ鬼

鬼ごっこと同じ要領。スタート時は、鬼が一人。逃げる子を追いかけてタッチする。つかまった子は、鬼と手をつないで、二人組になって追いかける。次にタッチされて鬼につかまった子は、さらに手をつなぎ、３人が手をつないで皆を追い掛ける。次につかまったら、鬼が四人で手をつないで走ると危ないので、二人・二人に別れ手をつなぎ、追い掛ける。最後までつかまらず鬼と手をつながなくてよかった子の勝ち。

●過去に実施されたゲームー

イス取りゲーム	イスを並べ、音楽に合わせて回り、曲が止まったら座る。イスを一つづつ減らすため、座れなかった子がぬける。
オオカミくんいま何時	みんな一緒に「オオカミくんいま何時」という。テスターが「12時」といったときにいそいでかくれる。（他の時間を言った時はそのまま動かない）
お引っ越しゲーム	5色の輪の中にひとりづつ入り、鬼が指示した色の子だけ他の輪に移動する。輪に入れなかった子が次の鬼になる。
かごめかごめ	輪の中心に目隠しした子が一人すわり。他の子はその周りで、歌を歌いながら手をつないで回る。座っている子のうしろは誰か、歌の最後に答える。
しっぽ取りゲーム	ネコとネズミなど、いくつかのグループに分かれ、みな、おしりにしっぽをつけて追いかけっこし、他のグループの子のしっぽをつかまえる。
ジャンケン列車	歌に合わせて子ども達がそれぞれ電車になって歩き、曲が止まったところで近くの子とジャンケンする。負けた子は勝ったこのうしろにつく。
ドンジャンケン	2組みに分かれ、1人づつ走ってくる。ぶつかったところでジャンケン。勝った子は前へ進み、負けた子は戻る。最後に相手の陣地まで入ったグループの方が勝ちになる。
なんでもバスケット	イスを輪に並べて座る。鬼は中心に立ち「白い靴下をはいてる子」などといい、あてはまる子だけが移動する。
ハンカチ落とし	輪になって座り、その外側を鬼がハンカチをもって走る。誰かのうしろにハンカチを置くが、置かれて気付かなかった子が次の鬼になる。
フルーツバスケット	イスを輪にして並べる。子ども達は果物のバッチをを付けて座る。鬼は中心に立ち、果物の名前を言う。言われた果物の子だけが移動する。
花いちもんめ	2組に分かれて、それぞれ手をつなぎ歌に合わせてジャンケンをする。人数を多く取った方が勝ち。
顔ジャンケン	口を開けたらパー、口を閉じてグー、舌を出したらチョキのルールで、顔でジャンケンをする。
手つなぎ鬼	ジャンケンをして負けた子が鬼になり、捕まえた子と手をつなぎ、2人一緒に他の子を追いかける。
足ジャンケン	足を横に広げてパー、足を閉じてグー、足を前後に広げてチョキのルールで、足でジャンケンをする。
虫ジャンケン	「ムシ・ムシ・ジャンケン」といってジャンケンをする。勝った子はスプレーをかけるまねをし、負けた子は倒れて死んだまねをする。
猛獣狩りゲーム	動物の名前を聞いて、その語音の数になるよう、子ども同士手をつなぐ。（クマ=2人,キリン=3人など）

● 受験生も集まる、とっておきの運動スポット

駒沢オリンピック公園

住所　目黒区東が丘２丁目周辺
TEL　03-3421-6121
交通　駒沢大学駅より徒歩１５分

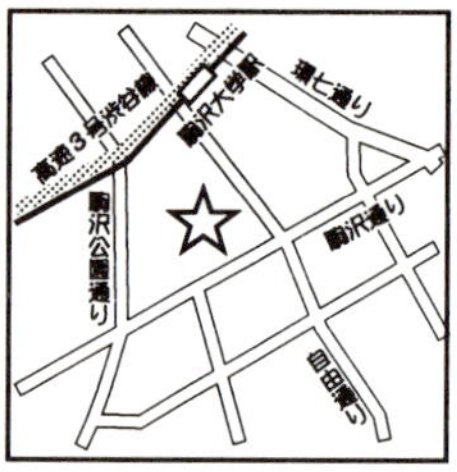
高速３号渋谷線
駒沢大学駅
環七通り
駒沢公園通り
駒沢通り
自由通り

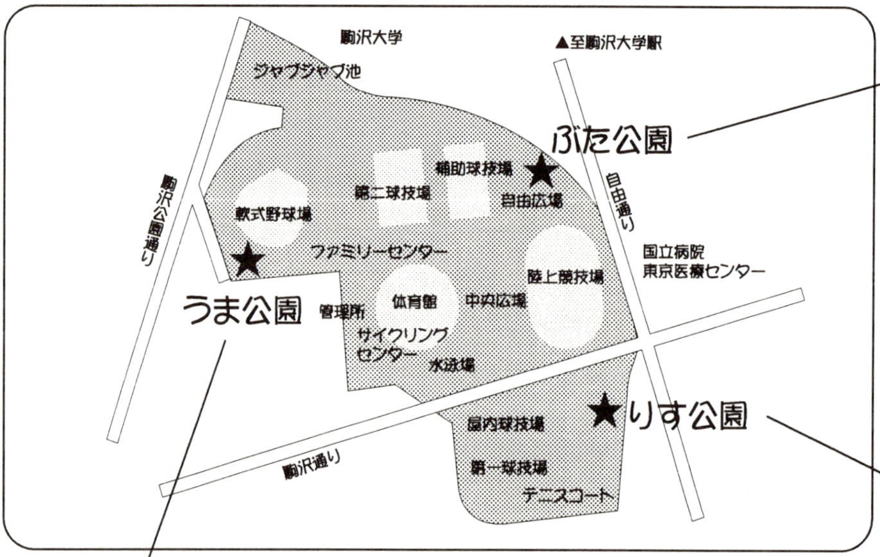
駒沢大学
▲至駒沢大学駅
ジャブジャブ池
ぶた公園
補助球技場
第二球技場
自由広場
軟式野球場
自由通り
駒沢公園通り
ファミリーセンター
国立病院
東京医療センター
陸上競技場
うま公園
管理所
体育館
中央広場
サイクリング
センター
水泳場
りす公園
屋内球技場
駒沢通り
第一球技場
テニスコート

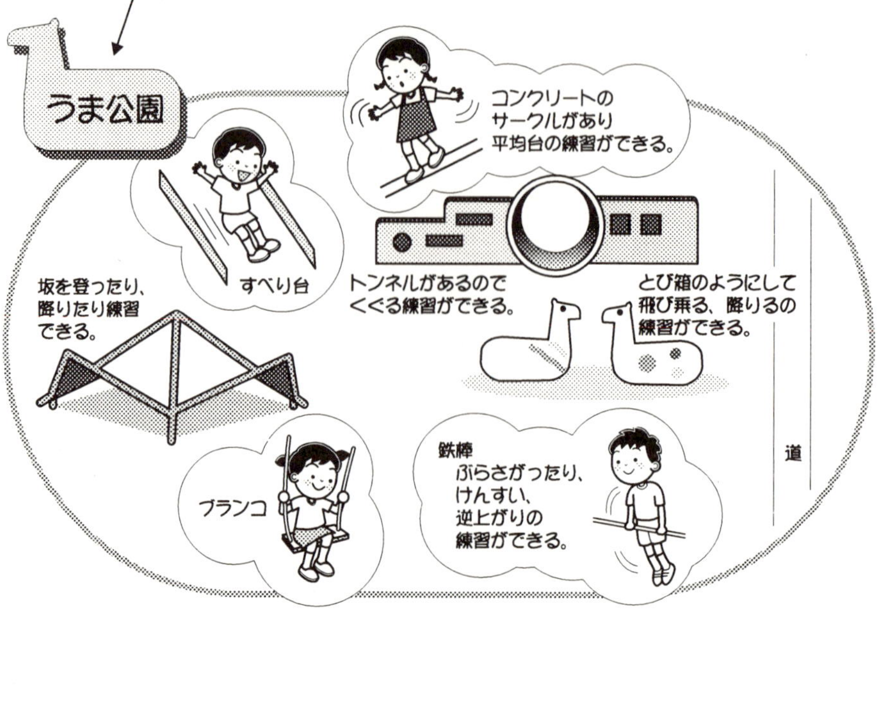
うま公園
コンクリートのサークルがあり平均台の練習ができる。
すべり台
トンネルがあるのでくぐる練習ができる。
とび箱のようにして飛び乗る、降りるの練習ができる。
坂を登ったり、降りたり練習できる。
道
ブランコ
鉄棒
ぶらさがったり、けんすい、逆上がりの練習ができる。

ぶた公園
坂になっているので
登り降りの練習が
できる。
砂場
道
平均台・ドンジャンケン
など、バランスの練習が
できる。
トンネル
丸い石があり、
飛び移りの練習が
できる。
コンクリートの
サークルがあり、
バランスをとりながら
上を歩くと、平均台の
練習ができる。

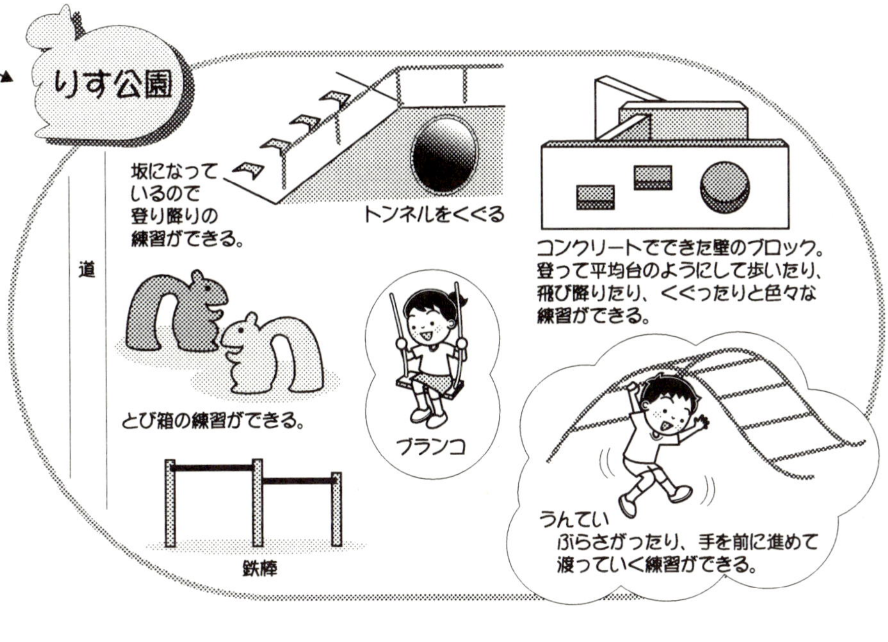

りす公園
坂になって
いるので
登り降りの
練習ができる。
トンネルをくぐる
コンクリートでできた壁のブロック。
登って平均台のようにして歩いたり、
飛び降りたり、くぐったりと色々な
練習ができる。
道
とび箱の練習ができる。
ブランコ
鉄棒
うんてい
ぶらさがったり、手を前に進めて
渡っていく練習ができる。

こどもの城

渋谷駅
宮益坂
明治通り
首都高速3号線
青山学院大学
表参道駅

住所　渋谷区神宮前5-53-1
TEL　03-3797-5666
交通　渋谷駅より徒歩10分　表参道駅から徒歩8分

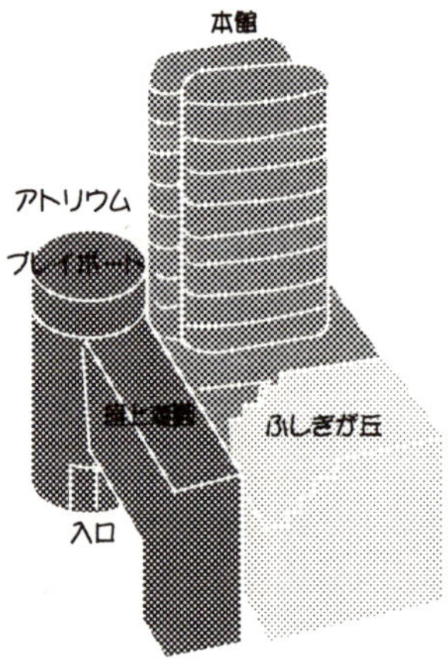
本館
アトリウム
プレイポート
ふしぎが丘
入口

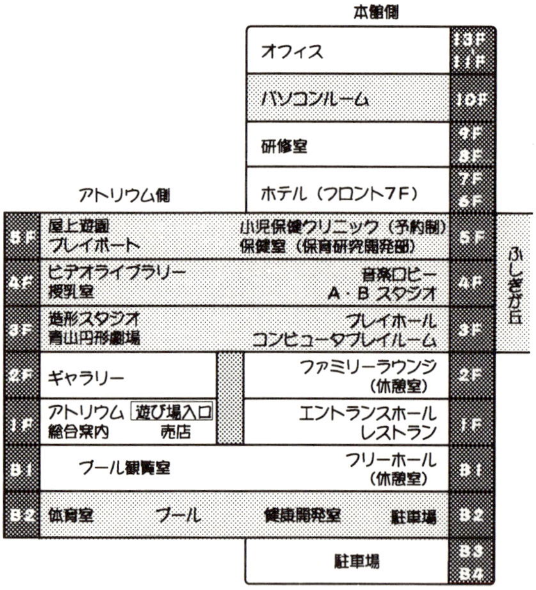
本館側
アトリウム側
13F〜11F　オフィス
10F　パソコンルーム
9F 8F　研修室
7F 6F　ホテル（フロント7F）
5F　屋上遊園　プレイポート　小児保健クリニック（予約制）　保健室（保育研究開発部）
4F　ビデオライブラリー　授乳室　音楽ロビー　A・B スタジオ
3F　造形スタジオ　青山円形劇場　プレイホール　コンピュータプレイルーム
ふしぎが丘
2F　ギャラリー　ファミリーラウンジ（休憩室）
1F　アトリウム　遊び場入口　総合案内　売店　エントランスホール　レストラン
B1　プール観覧室　フリーホール（休憩室）
B2　体育室　プール　健康開発室　駐車場
B3 B4　駐車場

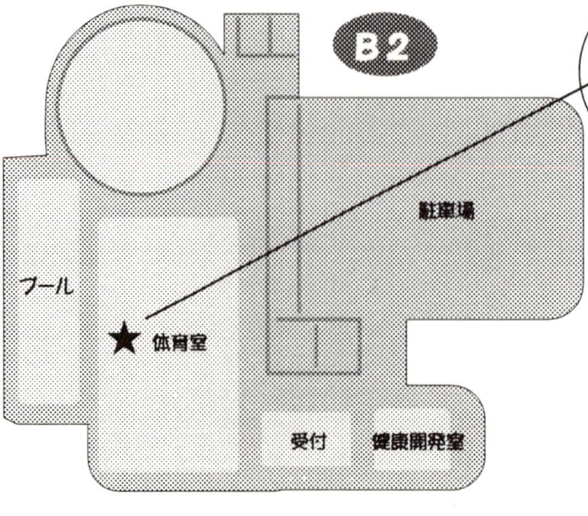
B2
駐車場
プール
体育室
受付
健康開発室

体育室
ゲーム遊び、ボールなげなど、広いスペースですので、のびのびと練習できます。

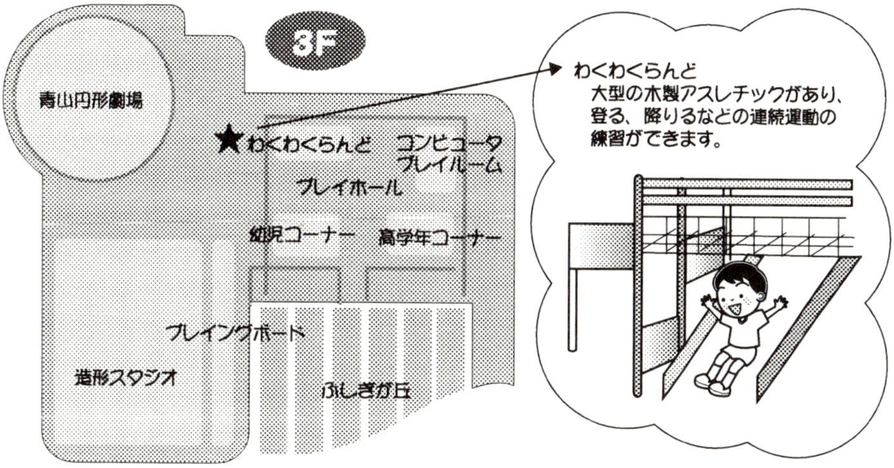
3F
青山円形劇場
★わくわくらんど
コンピュータプレイルーム
プレイホール
幼児コーナー
高学年コーナー
プレイングボード
造形スタジオ
ふしぎが丘
わくわくらんど
大型の木製アスレチックがあり、登る、降りるなどの連続運動の練習ができます。

4F
授乳室
★音楽ロビー
Aスタジオ
Bスタジオ
ビデオライブラリー
ふしぎが丘
音楽ロビー
色々な楽器をさわったり、歌を歌ったり、合奏したり、手遊びをしたりするスペースで音を楽しむことができます。

5F
プレイポート
保育室1
保育室2
小児保健クリニック
屋上遊園
★ふしぎが丘
ふしぎが丘（3~5F）
屋上のスロープはミラーガラスになっていて、おどろきます。
不思議な体験ができます。

明治神宮外苑 児童遊園

トリム・スポーツ・センター

住所　港区北青山1-7-5

TEL　03-3478-0550

交通　信濃町駅より徒歩5分 青山1丁目駅より徒歩10分

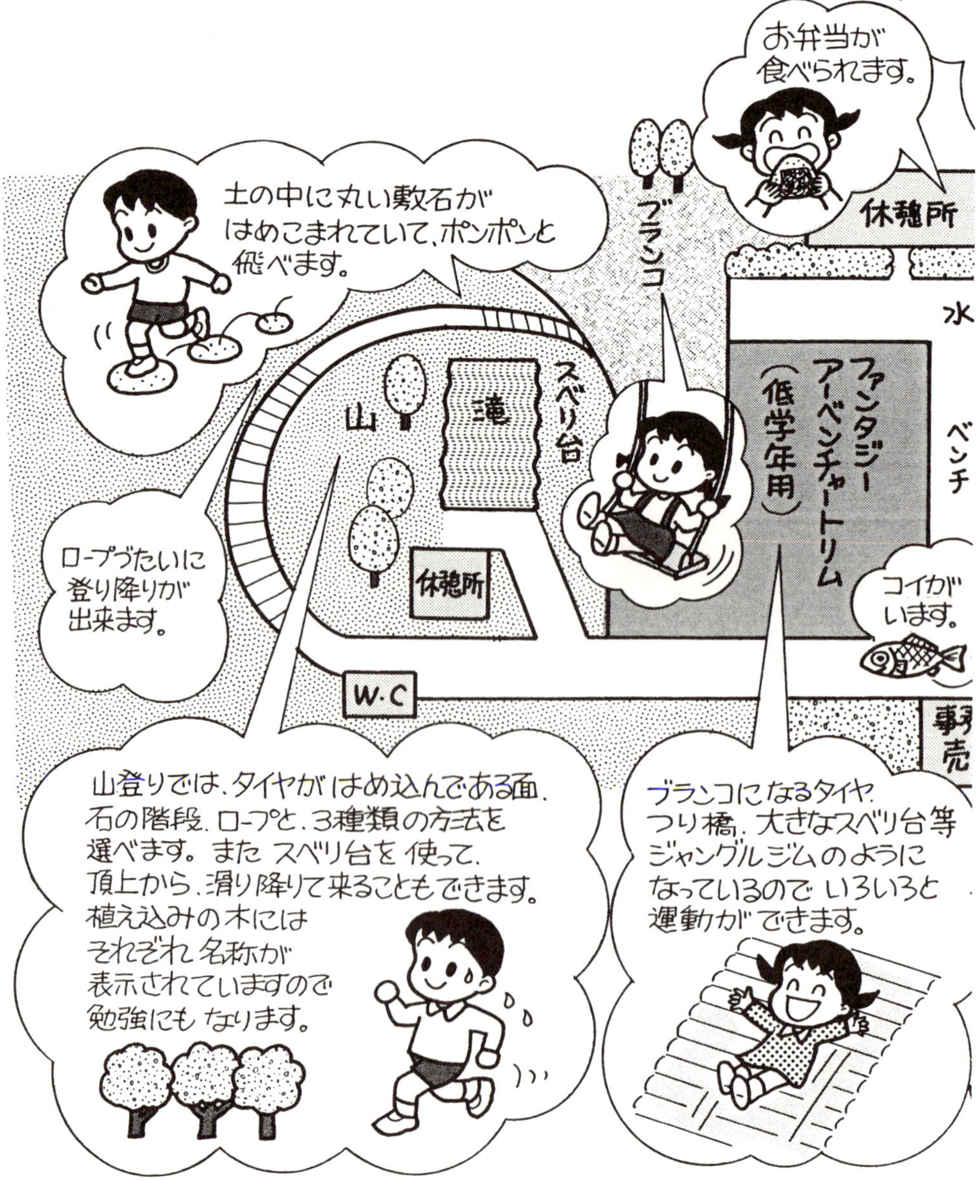
お弁当が食べられます。
休憩所
土の中に丸い敷石がはめこまれていて、ポンポンと飛べます。
ブランコ
スベリ台
山
滝
休憩所
ファンタジーアーベンチャートリム（低学年用）
ベンチ
ロープづたいに登り降りが出来ます。
コイがいます。
W・C
山登りでは、タイヤがはめ込んである面、石の階段、ロープと、3種類の方法を選べます。また スベリ台を 使って、頂上から、滑り降りて来ることもできます。植え込みの木にはそれぞれ 名称が表示されていますので勉強にも なります。
ブランコになるタイヤ、つり橋、大きなスベリ台等ジャングルジムのようになっているので いろいろと運動ができます。

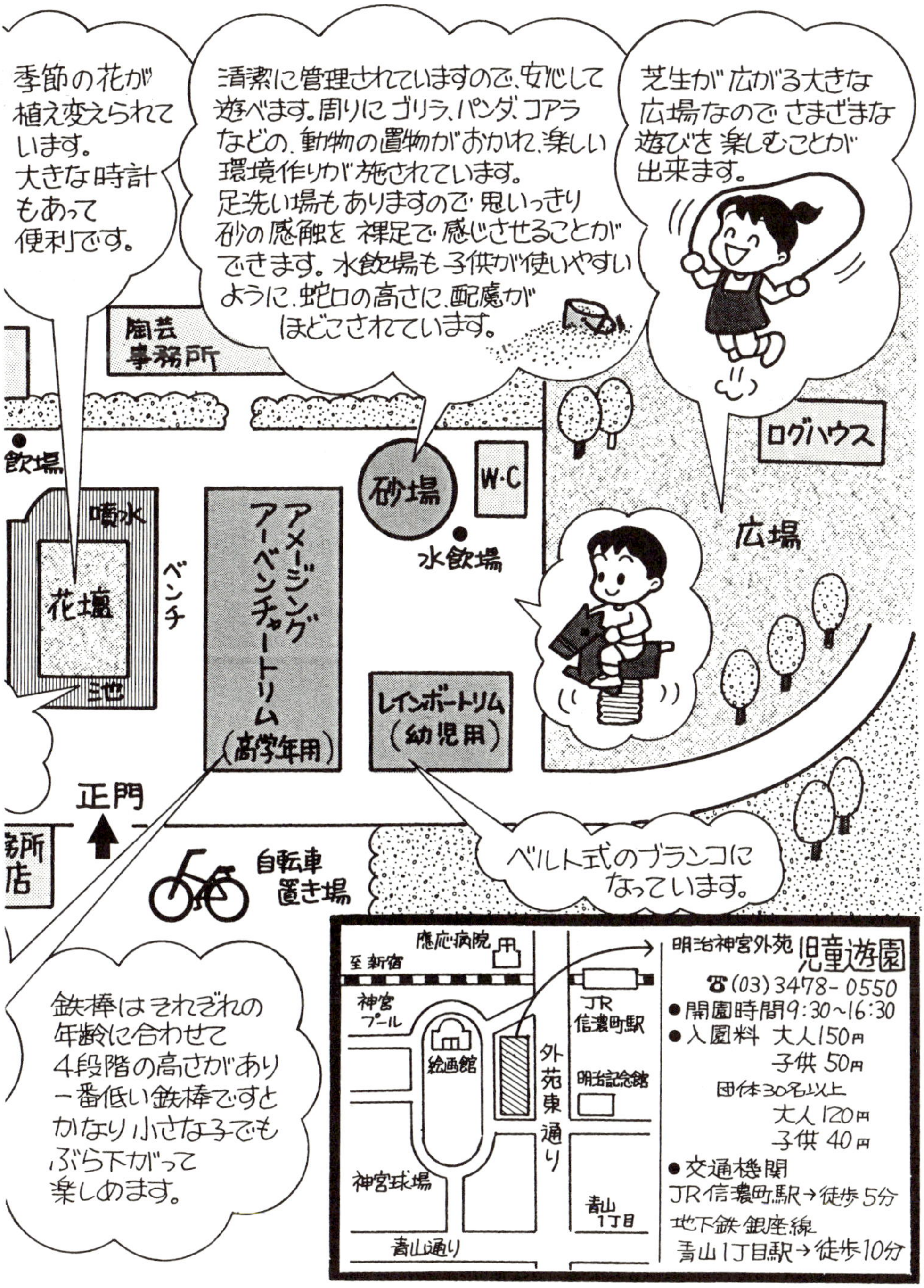
季節の花が植え変えられています。大きな時計もあって便利です。
清潔に管理されていますので、安心して遊べます。周りにゴリラ、パンダ、コアラなどの、動物の置物がおかれ、楽しい環境作りが施されています。足洗い場もありますので鬼いっきり砂の感触を裸足で感じさせることができます。水飲場も子供が使いやすいように、蛇口の高さに、配慮がほどこされています。
芝生が広がる大きな広場なのでさまざまな遊びを楽しむことが出来ます。
陶芸事務所
飲場
噴水
花壇
池
ベンチ
アメージングアーベンチャートリム（高学年用）
砂場
W·C
水飲場
レインボートリム（幼児用）
ログハウス
広場
正門
務所
店
自転車置き場
ベルト式のブランコになっています。
鉄棒はそれぞれの年齢に合わせて4段階の高さがあり一番低い鉄棒ですとかなり小さな子でもぶら下がって楽しめます。
慶応病院
至 新宿
神宮プール
絵画館
神宮球場
青山通り
外苑東通り
JR信濃町駅
明治記念館
青山1丁目
明治神宮外苑 児童遊園
☎(03)3478-0550
●開園時間9:30~16:30
●入園料 大人150円
子供 50円
団体30名以上
大人 120円
子供 40円
●交通機関
JR信濃町駅→徒歩5分
地下鉄銀座線
青山1丁目駅→徒歩10分

有栖川宮記念公園

住所　港区南麻布５丁目・元麻布２丁目周辺
TEL　03-3441-9642
交通　広尾駅より徒歩３分

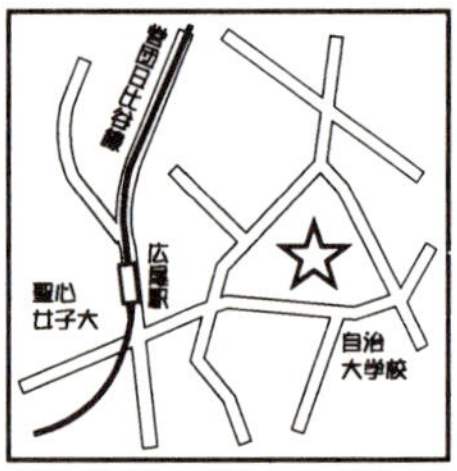

広尾駅
聖心
女子大
自治
大学校

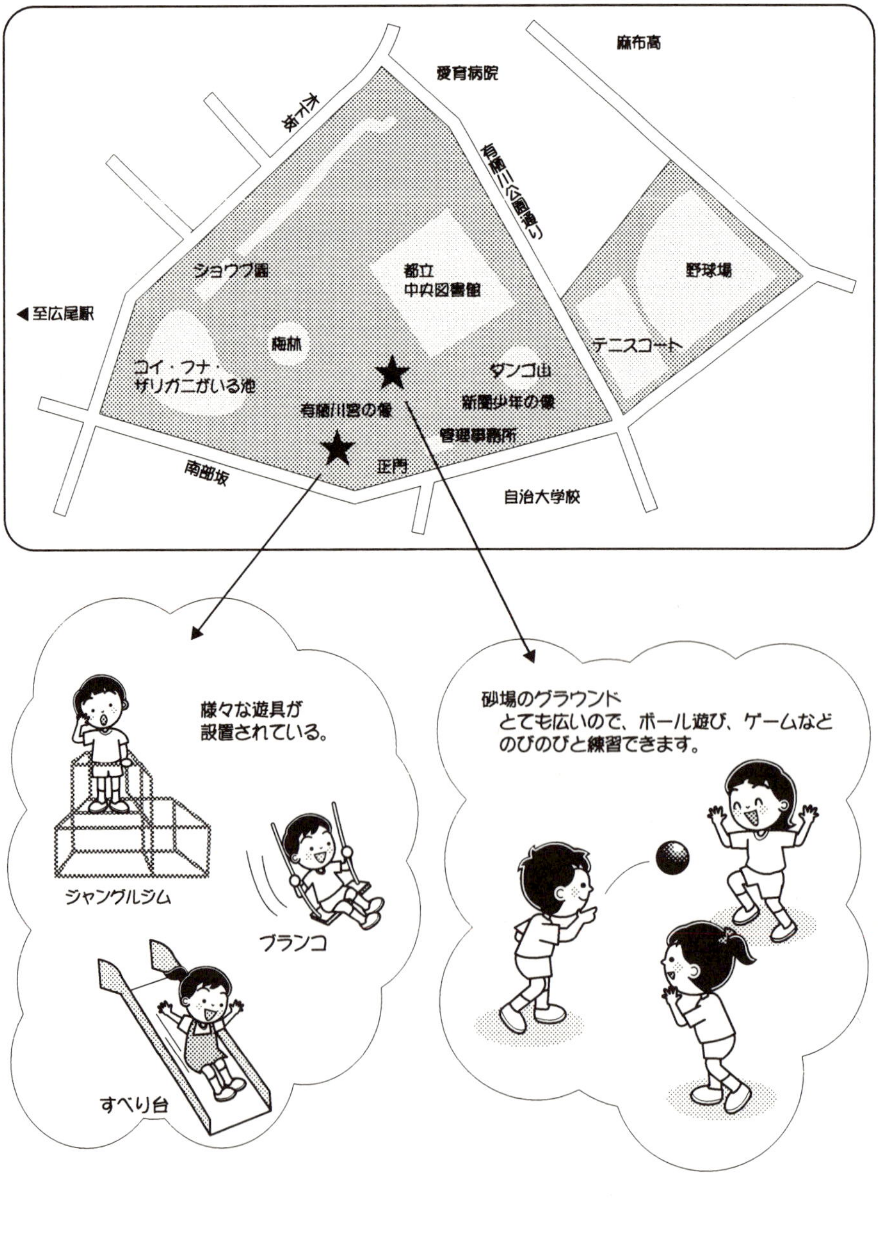

麻布高
愛育病院
木下坂
有栖川公園通り
ショウブ園
都立
中央図書館
野球場
◀至広尾駅
梅林
テニスコート
コイ・フナ・
ザリガニがいる池
ダンゴ山
有栖川宮の像
新聞少年の像
管理事務所
正門
南部坂
自治大学校
様々な遊具が
設置されている。
ジャングルジム
ブランコ
すべり台
砂場のグラウンド
とても広いので、ボール遊び、ゲームなど
のびのびと練習できます。

世田谷公園

住所　世田谷区池尻1-5-27
TEL　03-3412-0432
交通　三軒茶屋・池尻・祐天寺駅より徒歩12～15分

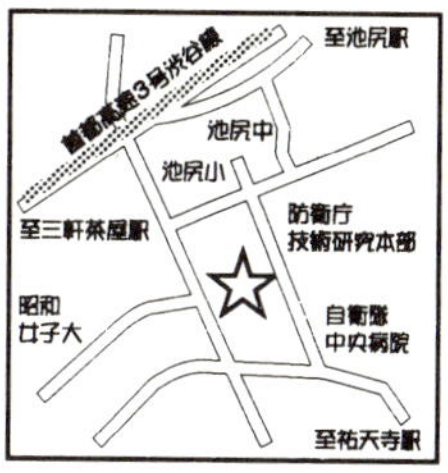
至池尻駅
首都高速3号渋谷線
池尻中
池尻小
至三軒茶屋駅
防衛庁
技術研究本部
昭和
女子大
自衛隊
中央病院
至祐天寺駅

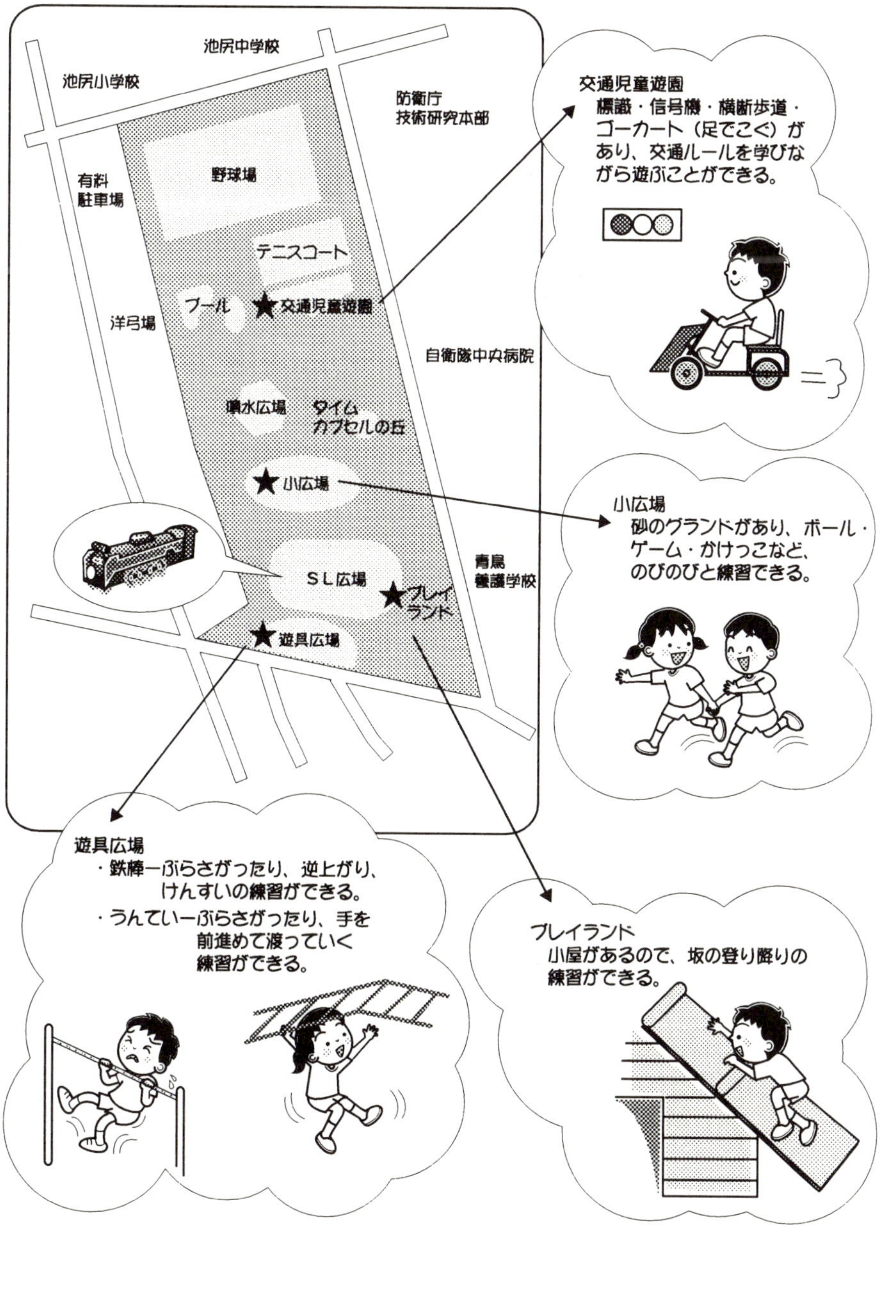
池尻中学校
池尻小学校
防衛庁
技術研究本部
有料
駐車場
野球場
テニスコート
プール
★交通児童遊園
洋弓場
自衛隊中央病院
噴水広場
タイム
カプセルの丘
★小広場
SL広場
★プレイランド
青鳥
養護学校
★遊具広場
交通児童遊園
標識・信号機・横断歩道・ゴーカート（足でこぐ）があり、交通ルールを学びながら遊ぶことができる。
小広場
砂のグランドがあり、ボール・ゲーム・かけっこなど、のびのびと練習できる。
遊具広場
・鉄棒ーぶらさがったり、逆上がり、けんすいの練習ができる。
・うんていーぶらさがったり、手を前進めて渡っていく練習ができる。
プレイランド
小屋があるので、坂の登り降りの練習ができる。

第3章

運動テスト
種目別出題例
と解説

平均台

《出題例》

❶平均台のはじからはじまでゆっくり歩いて、最後にジャンプして降りなさい。

❷途中に置いてあるボールを拾って、輪の中に入るように投げ、最後にジャンプして降りなさい。

《その他の出題例》

●カニ歩き（横向き）で平均台の上を渡る。
●両手を平均台につき、両足を揃え、平均台の左右を交互に跳びながら進む。
●平均台をくぐる
●二組に分かれ、順番に平均台を渡って、リレーをする。
●平均台の途中で静止し、片足を上げゆっくり１から５まで数える。
●斜めになっている平均台を登って、降りる。
●２本並べて置いてある平均台をクマ歩きで渡る。

point…

バランスをとる

平均台は平衡感覚と集中力を試すテストです。落ちついてゆっくりと取り組むことが必要です。かりに指示がなくても、両腕をしっかり横に広げて、バランスをとるよう指導しましょう。また、姿勢を正して歩くことで、動作を引き立たせることが出来ます。

お父さんの背中を歩く

まず、お父さんがうつ伏せに寝て、その上を、背中からおしりまで、子どもに歩かせましょう。背中はゴツゴツしています。おしりになると、ふにゃふにゃして、どちらも歩きにくいものです。この歩きにくさが、かえって楽しく、子どもにとっては遊びになります。次に、お父さんが腕立て伏せの、腕を伸ばした姿勢をとり、おしりから背中への坂道を登らせます。平均台でおこなうよりずっとむずかしいので、十分に集中力が養えます。

砂場で練習

平均台は、家庭では用意しにくい道具です。近隣の児童公園などの、砂場を利用して練習しましょう。砂場の四方のブロックを平均台に見たて、両腕を広げてバランスをとり、上手に一廻りさせましょう。途中にボールを置いてそれを取り、砂遊び用のバケツに投げ入れる遊びをすれば、テストさながらの練習になります。

マット

《出題例》

❶マットの上ででんぐり返しを2回しなさい。

❷マットの上でいもむしごろごろをしなさい。

《その他の出題例》

●マットの上ででんぐり返しをして、テスターと同じポーズをとる。
●5人1組でマットを持ち、指示された所にマットを運ぶ競争をする。
●マットの横にある筒の中にボールを入れ、筒から出てくるまでにマットの上ででんぐり返しを1回してボールをとる。
●端が巻いてあるマットに跳び乗って降りる。
●マットの山を綱を使って登り、降りる。
●マットの山によじ登り、輪の中に跳び降りる。
●たてかけてあるマットに勢いよくぶつかる。

point…

前転は体を丸めて

スムーズに前転するには、まず手のひらが着く位置を決めてあげることが大切です。手と手の間が、狭すぎるとなかなか転がりにくく、広すぎると斜めにころげてしまいます。ちょうど子どもの肩の幅程度がよいでしょう。両手の指は広げて、中指の先が前方に向くよう位置を決めます。両方の手と手の間に頭を入れ、背中を丸めます。しっかりあごを引いて、軽く足を蹴り上げるよう教えましょう。ドスンところがらずに、コロリという感じで廻るのが理想的です。始めは敷き布団の片方を丸めて傾斜をつくり、ころげ易くして練習するようお勧めします。

横転は体を伸ばして

横転のポイントは両手・両足をしっかり伸ばすことです。前転の動作に比べ、恐怖心は伴いませんが、体全体の筋肉を使うため、始めはなかなか上手に出来ないものです。どうしても腕の肘を折り曲げ、肘の力で廻ろうとしてしまいがちです。背中やおしり、それに肩の筋肉を使って廻るコツは、練習を通して体で覚えるしかありません。

でんぐりがえしに、いも虫ごろごろ

前転も横転も、家のお布団の上で手近に練習することが出来ます。指導のコツは、子どもに運動テストの準備、という意識を持たせずに、親子で遊ぶ雰囲気を作ることです。「さあ、お父さんとでんぐりがえしをしよう」「お母さんと、いも虫ゴロゴロしましょ」でよいのです。運動テストとして行われる他の種目の中にも、子ども達の日常の遊びとなんら変わりないメニューが数多くあります。

ボールつき・ボールころがし

《出題例》

❶ ボールをつきながら、3つの三角ポールの間をジグザグに進んでゴールの線までいきなさい。

❷ 2本の線から出ないように上手にボールをころがしなさい。

《その他の出題例》

●床に書かれた円の中で合図がある迄、出来るだけ多くボールをつく。
●２組に分かれ、２m位離れて向かい合い、ボールをころがして渡す。
●ボールを蹴りながら、４つの三角ポールの間をジグザグに進み戻る。
●床に書かれた円の外からボールをころがし、中の人に当てる。
●円の外からテスターがボールをころがし、当たらないよう逃げる。

point…

ボールを選ぶ

運動に使用される大きいボールには、サッカーボール、ドッジボール、バレーボール、ビニールボール等があります。これらはテストの種目毎に使い分けられています。幼児の手にはビニールボールがもっとも扱いやすいのですが、これから練習のために、家庭で用意するのでしたら、小さめのドッジボールをお勧めします。適度な重量感があり、慣れれば上達も早いようです。小学校でおこなわれるドリブルテストでは、ドッジボールが使用されています。なお、2～3歳児が、初めて練習する場合は、18センチ位のビニールボールが適当です。幼稚園の運動テストでは、ビニールボールを使用します。

まりつきで遊ぶ

近頃では、あまり見かけなくなってしまいましたが、狭いスペースを利用しておこなえる‘まりつき’は、日本の伝統的な遊びの一つです。始めは10を目標に、やがて20、30、50と目標を高くして、頑張らせましょう。また、「あんたが～たどこさ」や「てんてんてまり」等のまりつき歌と合わせて、ぜひ教えてあげて欲しいものです。遊びながら、ごく自然にリズム感を培うことも出来ます。

ボウリングで遊ぶ

使用済みのペットボトルを床に並べて、ドッジボールを転がして倒す。これが幼児のボウリング遊びです。両足を開き、ボトルに向かってつま先を揃えてかまえます。ボールはドスンと落とさずに、股の下から静かにころがしましょう。このゲームを始めると、たいがいの子は夢中になるようです。これは余談になりますが、受験準備で数のお稽古をする際に、よく、おはじきや碁石を使い、何度も説明をしますが、ボウリング遊びで「あっ、４つ倒れた」と言ってしまったときの方が、確実に数の概念が認識され、効果的です。

ボール投げ・ボール受け

《出題例》

❶お兄さんが立っているところまで、ボールを投げなさい。

❷ボールを上に投げ、1回手をたたいて受け取りなさい。

《その他の出題例》

- ●片手で出来るだけ遠くに投げる。
- ●5メートル位離れたところから、ワンバウンドで投げられたボールを取り、投げ返す。
- ●ドッジボールを3メートル位先のカゴの中に投げる。
- ●3個の玉をカゴか箱のどちらかに投げ入れる。
- ●テスターとキャッチボールをする。
- ●輪になってボール送りをする。
- ●肩の上からボールを投げ、テスターが投げたボールを受け取る。

point…

ボールの持ち方

幼児の手は小さくて柔らかいので、ドッジボールなど比較的堅いものを使って遊ぶ際には、受けとめる腕や手のひらの形に注意することが必要です。体と指先が垂直になっていると、ボールを受ける際に突き指をしてしまいます。反対に手のひらが正面に向き過ぎますと、受けたボールが落ちてしまいます。始めに、‘拍手する形’から、そっと手を広げ、最後に両脇をしっかり閉めるよう指導しましょう。両脇を閉めると、ボールを受ける理想的な腕の形になります。同時に、手のひらから力を抜くことが出来ます。

ボールの投げ方

ボール投げは、最初手渡しするくらいの距離から始めます。前投げでは、胸からゆっくり押し出して、先に解説した子どもの両手の中に、押し入れてやる要領でおこないます。それから次第に50センチ、1メートルと離れ、受け取るコツをつかませます。投げ方には、前投げの他に‘上投げ’と‘下投げ’があります。上投げは、幼児の遊びの中ではあまり見かけません。下投げの代表的な遊びが、『股投げ』です。幼児の場合、腕の筋力が充分に発達していませんので、少し離れた距離まで投げる場合には、振り子の力を使った下投げをするのが普通です。下投げのフォームは、「ボールころがし」の要領で行いましょう。

ゴム段跳び・ゴム段くぐり

《出題例》

❶ ゴム段に触れないように跳び越えなさい。

❷ 2本のゴム段をくぐり抜けなさい。

《その他の出題例》

●ゴム段を走っていって跳び越える。
●ゴム段3本を足を揃えて跳ぶ。
●十字にはってあるゴム段を1つずつ両足を揃えて跳ぶ。
●白いゴム段は跳び、黄色いゴム段はくぐるなどのルールに従って競争する。
●ゴム段をゴロゴロ横転しながらくぐる。
●イヌ歩きで2本のゴム段に触れないようにくぐる。

point…

ゴム段を跳ぶ

ゴム段跳びの遊びでは、それぞれの遊びの種類によって、両足を揃えて跳ぶスタイルと、足を交互にはね上げて跳ぶスタイルがあります。運動テストの際にも、先の資料のように、いずれの跳び方もおこなわれています。両足跳びの場合ですと、ゴムの段の高さは、〈10〜15センチ〉くらいが普通です。走って行って足を交互にして跳ぶ種目ですと、20〜30センチくらいと、かなり高くなっているようです。跳び方については「ジャンプ」「両足跳び」「走り幅跳び」等のページを参考にしてください。

ゴム段をくぐる

前かがみになり、両手を地面に着け、おでこを低くします。そして両腕の肘を折り、ゆっくり頭からくぐります。ここまでは比較的上手に出来る子でも、ちょっと油断をすると、お尻がゴムに触れてしまいます。足の膝を曲げ、お尻とかかとを付けるようにしてから、体全体を前に押し伸ばすようにするところがコツです。犬や猫が、垣根の下のわずかなすきまを上手にくぐり抜けるときの、あのスタイルをイメージさせてください。

跳び箱

《出題例》

❶跳び箱によじ登ってから、両手を広げて跳び降りなさい。

❷最初の跳び箱に乗ってから、2つ目の跳び箱に跳び移り、両手を上げて跳び降りなさい。

《その他の出題例》

●高さの違う３つの跳び箱のうち、好きな跳び箱を選び、走っていって跳ぶ。
●１段の跳び箱の上を歩く。
●３段の跳び箱を跳ぶ。
●マットをかけた跳び箱の山の上まで、イヌ歩きで登り、上から跳び降りる。
●跳び箱２段を跳び越える。
●２段の跳び箱の上で寝ころがり、マットに跳び降りる。
●５段の跳び箱を跳んだり、よじ登ったりする。
●１段の跳び箱の上から、出来るだけ遠くに跳ぶ。
●長くつながった跳び箱の上を走る。
●跳び箱から斜めに渡してある板を渡る。
●底のぬけたダンボール箱に入り、跳び箱の山を越える。
●フープに入り、跳び箱の山を越える。

point…

よじ登って跳び降りる

遊具としての跳び箱は、家庭ではなかなか用意出来ませんので、児童公園などで‘馬跳び遊び’をするのがよいでしょう。ただし、はじめからお父さんの背中を跳ぶのでは、やや高すぎて無理がありますので、次に説明する山登り＋ジャンプから始めましょう。

山登り・ジャンプ

まず、お父さんが両足の膝と両手を畳に着けて山を作り、後方から、子どもに山登りをさせます。背中の中程でいったん止まってから、その先の肩の手前あたりで両足を揃え、「１・２・３」で前方に跳び降ります。あらかじめ着地する場所(お父さんの頭から50センチくらい先)を指示しておき、足の膝をやや折り曲げ、なるべく、つま先から着地するよう教えましょう。着地の後で足の膝を伸ばすと同時に両手を広げてポーズを造りましょう。

鉄棒

《出題例》

❶「やめ」の合図があるまで鉄棒にぶらさがりなさい。

❷前まわり、逆上がりなど、あなたが出来ることをしなさい。

《その他の出題例》

●ロープにぶらさがり、マット上の線のところに跳び降りる。
●うんていにぶらさがる。
●紅白に分かれて、鉄棒のぶらさがり競争をする。
●豚の丸焼きのように鉄棒にぶらさがる。

point…

体を動かさずにぶらさがる

鉄棒の種目で、最も多く出題されているのが「ぶらさがり」です。鉄棒を握る手の形については、特に指定されませんが、この場合、順手がよいでしょう。少しでも長く体を支えるためには、手のひらでしっかり鉄棒を握り、なるべく腕の力を抜くようにするのがコツです。腕や肩に力が加わると長くぶら下がることが出来ません。また、足の膝は前に突き出すように曲げて、出来るだけ体を動かさないようにしましょう。体が動いたぶんだけ、余分な負担が腕や手にかかります。

逆上がりと前まわり

逆上がりは順手でも逆手でも行えますが、どちらかというと、始めは逆手で行った方がよいでしょう。握る手のひらへの負担が少なくて済むからです。握力や、手首の筋力が備わってくれば、順手に替えてもスムースに廻れるようになります。逆上がりは、地面を蹴りあげる際に、腕とお腹の両方の筋肉を使い、鉄棒に体を密着させるのがコツです。前まわりは順手で行い、回転の際に両腕の肘を伸ばさないように注意します。いずれの場合も、鉄棒とお腹が最後まで離れなければ、自然にうまく廻れます。

逆上がりや前まわりは、テストの際に課題として課せられることはめったにありませんが、これが出来るようになると、鉄棒に対する自信につながります。

腕の筋力を鍛える

お猿さんになったつもりで、お父さんの腕にぶら下がる‥‥。2・3歳のうちでしたら、こうした遊びを手始めに行いましょう。子どもの手のひらは小さいので、両手の指と指をからみ合わせて、腕の力でぶらさがる格好になります。腕の筋力が少しずつ発達してきてから、やがて握力も備わっていく、これが幼児の自然な発達プロセスです。

縄跳び

《出題例》

❶ 合図に合わせて、１０回前跳びをしなさい。

❷ 大波小波を上手に跳び越えなさい。

《その他の出題例》

- ●曲のリズムに合わせて縄跳びをする。
- ●音楽に合わせて縄跳びを跳ぶ。
- ●好きな跳び方で出来るだけたくさん跳ぶ。
- ●ヘビのようにはわせている縄の上を跳ぶ。

point…

大きく弧を描く

縄跳び練習の第一歩は、跳ぶときのリズム感をつかむことです。最初から縄を跳ぶのではなしに、まず縄を半分に畳んで片手で持ち、それを廻しながら、リズムよく「跳ねる練習」から始めます。１・２・３・４と、跳びやすい速さのリズムを体得させることが必要です。また、縄跳びの練習を始めたばかりのころは、上手に縄を廻せないため、とかく体に縄をひっかけてしまいがちです。これは、肩が上下に動いて、縄の軌道を乱すからです。初めて使用する縄跳びは、ハンドルの長い初心者用のものがよいでしょう。ハンドルが長いぶん、肩の動きが少なくなり、大きく弧を描くため、跳びやすくなっています。また、縄はビニール管で作られている物ではなく、布巻きの、多少重みのあるものをお勧めします。

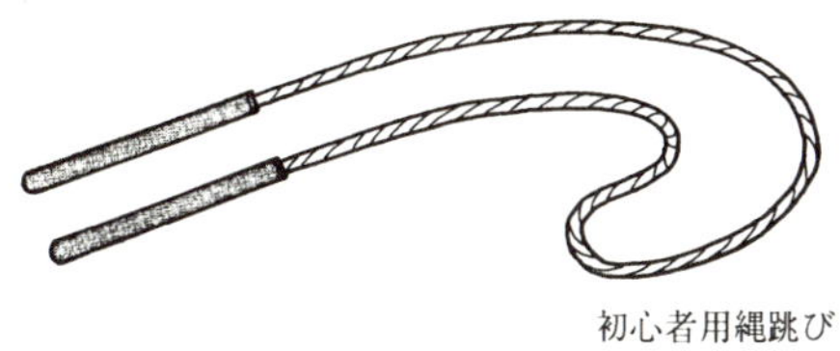

初心者用縄跳び

お友達と一緒に練習

縄跳びで「大波小波」をしたり、「へびニョロニョロ」で遊んだりするには、どうしても一緒にやる仲間が必要です。もちろん、お父さんとお母さん二人で縄を持って、子どもに跳ばせることは出来ますが、一人で跳ぶというのでは、どうも盛り上がりに欠けます。あらかじめ大縄跳びを家に用意しておき、お友達が来たときなどに、ぜひ親も加わって遊んでください。２人・３人とみんなで一緒にリズムをとって跳んでみると、なかなか楽しいものです。また、こんなときこそ、同年齢の子ども達の運動能力を観察する絶好の機会にもなります。

はしご

《出題例》

❶はしごをくぐり抜けなさい。

❷クマ歩きではしごを登り、うしろ向きになってクマ歩きで降りなさい。

《その他の出題例》

●段ボール箱の穴をくぐりぬける。
●底のぬけた段ボール箱に入り、はしごを登り、ボールをとる。
●フープに入り、はしごを登り、ボールをとる。

point…

足元に注意を

はしごを用いる種目には、はしごのくぐりぬけ、はしご渡り、はしご登りなどがあります。はしごとはいっても、使用されているのは、いずれも遊戯用で、カドに丸みのある木製かスチール性のものです。くぐり抜けはしやすく出来ていますが、渡ったり登ったりとなると、かならずしも本物のはしごのように進みやすくはありません。握り易く出来ている代わりに、足が支えにくく、ともすると踏みはずすことになります。はしご渡りはジャングルジムなどでの遊び経験がものを云わせます。手の握りをしっかりさせた後に、かならず一段ずつ、足に注意を払う必要があります。踏み外す際に共通しているのは、手と足を一緒に動かした場合です。この種目が競争でおこなわれることは、まずありませんので、慎重に足の位置を確かめて進むよう指導しましょう。

がんばれ！はしごくぐり

幼稚園や小学校の運動会でよくおこなわれるはしごくぐり競争。ヨーイ・ドンの合図で、子どもたち数人が、はしごに向かって駆けていくのですが、人数分のくぐれる枠があるというのに、なぜか同じところに集まることがあります。自分がくぐる枠をしっかり見て走ってゆかなくてはいけません。ひとの枠に入った子は、ルール違反なのです。

こうしたおりに、僕が先私が先と争い、ひるんだ子の方が、たいがい無惨な結果になってしまいます。夢中で人を押しのける子と、泣きべそをかいてしまう子。まさに、イス取りゲームならぬ、はしご取りゲームの結末です。この様なシーンを通して、子どもの性格を観察することが出来ます。運動テストの目的は、体力面や、技術面だけではありません。後に説明する「行動観察」の要素を多分に含んでいます。

ろくぼく・登り棒

《出題例》

白いポールの所まで登り、テスターが合図をしたらマットの上に跳び降りなさい。

《その他の出題例》

●ろくぼくに出来るだけ長くぶらさがる。
●つなをよじ登り、赤い線に触れて降りる。
●登り棒を登ってからゆっくり降りる。
●ろくぼくの好きな高さの段を横に渡る。
●指示された白い印のところまで登る。

point…
ジャングルジムで注意力を養う

ろくぼくや登り棒等の種目は、手のひらでしっかり棒をつかむことが基本になります。しかし、幼児の時期は、まだ充分に握力が備わっていませんので、うっかり誤って足を踏み外せば、握り手だけで自分の体を支えることはまず困難です。したがって充分な注意が必要になります。

よく子どもが、児童公園のジャングルジムで遊ぼうとしたときなど、ともすると親は制止してしまいがちです。しかし子どもがこうした遊具に興味を示したときには、むしろ親も応援してやり、積極的に遊ばせるようにすべきです。そのおりには次の点に注意しましょう。

①しっかり棒をにぎる。
②足の位置を決める。
③足が安定していることを確かめてから、握り手を替える。

「足の安定を確認」するには、足元を見なくてはなりません。足元を見れば、自分が高いところにいることも理解できます。そして子ども自身も危険を感じとります。

ジャングルジムでの事故は、習い始めの子にはほとんど無いといわれています。ある程度慣れてきて、足先の感に頼り始めたころの油断で起こります。注意力を養うこと、これも小学校受験の大切な準備の一つです。

玉入れ

《出題例》

線の手前に立って、赤い玉は赤い箱に、白い玉は白い箱に投げ入れなさい。

《その他の出題例》

●ドッジボールを３メートル位先のカゴに投げる。
●「やめ」の合図があるまで、白い玉を１つずつ運び、カゴの中に入れる。
●２組に分かれて、玉入れをし、入った玉の数を数えて勝敗を決める。

point…

１つ目を失敗してからが勝負

玉入れにはいくつかのスタイルがあります。網篭をめがけて投げるスタイルは、幼稚園の運動会などでしばしば見かけます。この場合、背丈よりだいぶ高いところにある篭へ投げますので、なかなか入りにくいものです。主に大人数でおこなわれ、一定の時間が与えられます。「たくさん投げればいくつか入る」といった感じです。この際に使用される玉は、紅白の布製のものです。

箱めがけて投げる玉入れの場合には、スポンジやゴム製、ときにはプラスチックボールが使用されているようです。投げる方向も床に置かれた箱か、せいぜいイスの上程度です。素材によっても重さが異なりますので、どのくらいの力で投げたらよいかは、実際に試してみてからでないと分かりません。箱への玉入れは、たいがい個人競技です。時間制限がないかわりに、玉数が決められている、という特徴があります。箱に入れる玉入れのポイントは、最初の一つ目を失敗しても、その経験を次の投球に生かせるか、というところにあります。体験から工夫出来るか、そこがテストの着眼点とみられます。第２球からが勝負ということです。

上手投げか下手投げか？

網篭への玉入れでは、篭までの距離もあり、おまけに高いところめがけて投げますので、上手投げが適しています。実際に下手投げで試してみると、大人でも入れるのが難しいことが分かります。箱への玉入れは、１.５メートルくらいの距離でおこなわれます。目標の箱が相当離れていない限りは、下手投げのほうがうまくゆきます。腕を前後に振り、バックスイングの加減で、到達距離の調節が出来ることを分からせましょう。玉の種類や大きさを変えながら、たくさん遊んでみるとよいでしょう。

的当て

《出題例》

壁の鬼のお面に向かって、ボールを投げなさい。

《その他の出題例》

●鬼の顔をつけたペットボトルに手裏剣を投げ、倒して遊ぶ。
●壁の的に向かって硬式テニスボールを投げる。
●輪の中から的に向かってお手玉を投げる。
●輪の中から大きいボールを的に投げる。

point…

ボール遊びに親しむ

この種目では、実施例を見てお分かりいただけるように、テニスボールを始め、様々な素材のボールが用いられています。大きさもいろいろです。目標までの距離は3メートルくらい離れている場合が普通ですので、投げる物の種類や大きさにかかわらず、上手投げでおこなうのが適当です。

ポイントは、左足のつま先をまっすぐ的の方向に向けて立つことです。それをしているかいないかで、命中率に格段の差が生じます。また、ある程度は強く投げたほうが、思った所に飛びやすいようです。でも、あまり力を入れすぎると、足元にたたきつけてしまうことになります。模擬テストでもそんな光景をしばしば見かけます。日頃からゴムボールや、ドッジボールで外遊びをしている子は、比較的上手に出来ます。ボール遊びの中で力加減が自然に体得出来るからです。

紙飛行機を飛ばす

紙飛行機遊びは、子どものころ誰もが経験する遊びです。3・4歳になったら、折り紙にも慣れてくる頃ですので、飛行機を折って、目標めがけて飛ばす遊びをしてみましょう。的当ての際に作る飛行機は、風に乗って空中で長く飛行すものではなく、翼の形を狭くした、まっすぐ飛ぶものを作ります。「タンスの2段目をあけて、そこに着陸するよう飛ばしましょう」という具合にすれば、子どもは喜んでたくさん飛行機を折るはずです。10機の飛行機を飛ばして、いくつ入るかを競えば、「巧緻性」や「数量」の学習にもなります。

徒歩

《出題例》

❶ 音をたてないようにそっと歩きなさい。

❷ 2本の線の間を後ろ向きに歩きなさい。

《その他の出題例》

●床描かれた三角の一辺をスキップ、もう一辺をケンケン、もう一辺を歩いて進む。
●線に沿って歩く。
●でこぼこのあるビニールシートの上を音をたてないように歩く。
●板でできた道の緑の線のところは前向きに歩き、赤の線のところは後ろ向きに歩く。

point…

つま先で歩く

音をたてないで歩こうとすれば、いきおいつま先で歩く格好になります。幼児の歩き方を観察すると分かるのですが、ゆっくり歩くときは、かならずかかとから足を地面に着けます。急いで歩くときは、足の裏側全体を地面に着け、バタバタといった感じで歩きます。幼児の自然な歩き方の中には、つま先歩きはないのです。従って意識して歩かない限り、つま先から着く歩き方はしません。意識して行動する、これは一つの能力です。その能力をテストする運動種目です。

後ろ歩きは腕を振らない

模擬テストで、後ろに向かって歩きなさい、という課題が出たとき、テスト後に、ある母親から「後ろを見ながら歩いてもいいのですか？」という質問を受けたことがありました。確かに、見えない方向に向かって歩くのは危険です。道路や駅のホームなどでは禁物です。しかし、テストの際には、体をよじって後ろ向きに歩くと、見た目におかしいだけでなく、まっすぐ正確なバックが出来ません。運動テストの中には、自然な行動と反するような指示がしばしば見られます。やはり、前に行進するときのように、胸を張って前を見たまま歩く方がよいと思います。一応足元のラインを目安に、慎重に後退します。そして大切なことは、歩く際に腕を大きく振らないことです。前歩きの行進は元気良く、大きく腕を振りますが、後ろ歩きでそれをしますと、たいがい足と手が一緒になり、おかしな歩き方になってしまうからです。

かけっこ

《出題例》

❶三角ポールの間をジグザグに通って、旗のあるところまで走りなさい。

❷「よーい、どん」の合図でスタートし、三角ポールを廻って、ゴールまでかけなさい。

《その他の出題例》

- ●紅白に分かれてリレーをする。
- ●円周上を走る。
- ●白線の手前からスタートし、トンネルをくぐり、緑の線まで走る。
- ●「よーいドン」でスタートし、途中跳び箱の上の玉を取り、音楽が鳴り終わるまでにゴールする。
- ●スタート前は寝て待っていて、「よーいドン」の合図で素早く起きて走る。
- ●走っていって壁にタッチし、帰りはケンケンで戻る。
- ●底のぬけた段ボール箱に入り、床の線の上を走る。
- ●フープに入り、床の線の上を走る。
- ●３人でスタートして指示された旗を持ってくる。

point…

親が走り方を教える

運動会の日が近づくと憂鬱になってしまう……、それはたいがい、かけっこが苦手な子です。幼児期にかけっこが好きな子は、概して機敏で活発です。体全体を使っておこなうこの種目は、運動の基本ですから、幼児の頃から正しい走り方が身につくよう、十分注意してあげましょう。お父さんやお母さんから、走り方を教わる子は意外と少ないようですから。

３つのポイントを正す

２・３歳児の場合には、両手を横に広げ気味に走るという特徴があります。これは、体のバランスをとろうとする働きからきています。従って自然体ではあるのですが、このスタイルをずっと続けていると、５歳になってもかけっこは上達しません。次にあげる３つのポイントを、しっかりマスターさせましょう。

1. 背筋を伸ばして正面を見る
2. 両手でグーを作り、腕はＬ字型にして大きく振る
3. 両足を高く振りあげて進む

5歳児の理想的な走り方

ケンケン・ケンパー

《出題例》

❶フープの丸の通り、ケンパー・ケンパー・ケンケンパーで進みなさい。

❷黄色い丸はケンケン、赤い丸はグー、青い丸はパーで進みなさい。色の線になっても同じように進みなさい。

《その他の出題例》

●片足ケンケンでスタートし、三角ポールをまわってくる。

●手に鈴を持ち、鳴らさないようにケンケンをする。

●ケンケンでスタートし、途中２カ所の赤い玉と白い玉を取ってゴールする。

●床に描いてある三角の線の一辺をスキップ、もう一辺をケンケン、残りの一辺を走って進む。２回目はケンケンの足をかえる。

●足でグー、パーをする。

●２組に分かれ、ケンパーで競争する。

●走っていって壁にタッチしたら、ケンケンで戻る。

●２本の線の間を道筋に従ってケンケンで進む。

●左、左、右、右と足をかえながら進む。

point…

実施頻度ナンバーワン

小学校入試の運動テスト種目で、毎年最も多いのが、ケンケン・ケンパーです。したがって、運動テストが行われる学校を受験するのでしたら、この種目だけは、かならずマスターしておきましょう。過去の実施種目になかった小学校でも、新たに加わる可能性があります。

遊びの中で慣れる

年少児のなかには、片足ケンケンでまっすぐ進めない、という子が多いようです。２・３歩のところで、すぐに両足を着いてしまう子もいます。「フラミンゴになって、お母さんのとこまで、飛んできましょう」と両手を開いて、少しづつ進む距離を延ばすようにリードしましょう。

年中児の場合、ケンケンが出来ても、パーやグーとの組み合わせでおこなうのは無理、という子がずいぶんいます。地面に、○や○○を描いたり、あるいは石蹴りなどと組み合わせて、遊びとしておこないたいものです。本番のテストの際には、出題例のように、いくつかのルールに添った対応が必要になります。ケンパーの遊びに慣れている子は、テスターの指示を、いつもの遊びのルールとしてうけとめることが出来ます。

両足跳び／立ち幅跳び

《出題例》

❶ 白い線の手前から、向こう側の線の方へ出来るだけ遠く跳びなさい。

❷ 両足を揃えて、線の右・左・右・左と、線を踏まないように跳びなさい。

《その他の出題例》

- 高さ１０センチ位の積み木が並べてあり、積み木に触れないように両足を揃えて跳び越していく。
- 両足を揃えて、フープの内、外、内、外と跳ぶ。
- タンバリンの音に合わせ、素足でウサギのように跳んで進む。
- 線の上を両足跳びで進む。
- リズムに合わせて、両足を揃えて横に跳んでいく。
- 後ろ向きで、マットの上を両足を揃えて跳ぶ。
- １０本の線を踏まないように、ウサギになって跳び越えていく。
- 砂場で青い線から赤い線を越えるように跳ぶ。
- フープに入り、川を跳び越える。
- 床に描かれている川や魚を踏まないように跳び越える。

point…

胸を反らして跳ぶ

この種目は、出来るだけ遠くへ跳ぶ「幅跳び」、指示された方向へ跳ぶ「ジグザグ跳び」の他に、絵に描かれた川を飛び越える「川越え」等もあります。いずれも両足を揃えて跳ぶ運動です。幅跳びのポイントは、ジャンプと同時に、両腕を思い切って前に振り上げることです。跳躍の距離は、幼児の場合ですと、子どもの身長の３分の２程度ゆけば十分です。

ジグザグ跳びは、左右交互に連続して跳びますので、バランスをとるのがやっかいです。右、左、右、左と２回くらい跳べても、そのあたりで左右によろけてしまいがちです。はじめは30センチくらいの四角を２つ、横に並べて描き、左右真横に跳躍する練習から始めたほうがよいでしょう。

魚は生きている！

地面に４０センチ幅くらいの川を描き、そこに大・小とりどりの川の生き物を描きます。「お魚がいます。カエルがいます。どじょうもいます。さあ生き物を踏まないように、川を跳び越えましょう」というと、子どもはもう夢中になって跳びます。「あ〜っ、カエルふんじゃった！」等と、本気になって大騒ぎします。架空の世界を容易に受け入れて、それを楽しむことが出来るのは子どもの才能です。そうした遊びの能力を、親があたたかく見守り、育てていくことで、子どもは肉体面ばかりでなく、精神的な面でもバランスのとれた成長をしてゆきます。

走り幅跳び

《出題例》

❶ 走っていって、ビニールテープの手前から、出来るだけ遠くまで跳びなさい。

❷ 輪の中に足が着くよう、上手に跳んでいきなさい。

《その他の出題例》

●走っていってマットを跳び越す。
●走っていって２本の線を跳び越す。
●砂場で踏切板から出来るだけ遠くに跳ぶ。

point…

歩幅をコントロールする

助走をつけて片足で踏み切り、出来るだけ遠くへ跳ぶ。これが走り幅跳びです。もう一方の実施例は、運動競技の三段跳びに似ています。どちらも助走を伴いますので、まず、走るかたちを身につけることが必要です。(走りについては『かけっこ』のページ参照)

また、走り幅跳びの場合には、踏み切る方の足が、ちょうど線の手前に来なくてはなりません。そのためには、ある程度走りの速度と歩幅を調節する必要があります。歩幅が大きすぎると、踏切る位置をキープしずらくなりますし、歩幅が小さすぎれば、遠くへ跳ぶことが出来ません。砂場の枠を踏切線にして、砂の中へ跳ぶ練習をさせましょう。そして、速さや歩幅をコントロールすることを、体で学ばせましょう。

歩道の敷石を跳ぶ

出題例の②のようなケース、円と円の距離があまり離れていなければ、助走の代わりに、もう片方の足のバックストロークだけ跳ぶことが出来ます。競技の三段跳びと異なるところは、遠くへ跳ぶのでなくて、指定の円から踏み外さないよう正確に跳ぶ、という点です。手近かな歩道の敷石を、一段おきに跳ぶ動作などで遊びながら学べます。

フープ

《出題例》

❶合図をしたらスタートし、フープを頭からくぐり、ゴールまで戻ってきなさい。

❷三つの輪を順番に、三角のポールに掛かるよう投げなさい。

《その他の出題例》

●二つのフープを交互に前へ出しながら、フープの中に入って進んでいく競争をする。
●フラフープを足からくぐりぬける。
●床に置いてあるフープの中に入り、足から頭の方へくぐりぬけ、前方にあるポールに向かってフープを投げる。

point…

いろいろ使えるフープ

フープを用いる種目は、出題例に見るように「くぐり抜け」と「輪投げ」の二つのパターンがあります。フープは大が直径８５センチ、中が６０センチ、小が３４センチで、『ソフトリング』と呼ばれる樹脂性のものです。「くぐり抜け」には中フープ、「輪投げ」には小フープが使われています。そのほか、子ども同志で遊ぶ「電車ごっこ」に大フープ、ケンパーをおこなう際に小フープと、テストでは様々なシーンに用いられます。用途が広いため、近ごろでは入試準備用の遊具として、購入している家庭も少なくないようです。型にはまった遊びしかできない玩具より、工夫次第でいろいろと使える遊具を、与える方が、楽しさもふくらみます。

機敏性をテストする

フープの「くぐり抜け」は、たいがい競争で行われています。この種目を通じて機敏性を観察することが出来ます。本書の運動種目のなかにはとりあげていませんが、これと類似したテストに「スモックの着脱競争」という問題があります。集団の中でこれから一緒に学んでいくには、ある程度テキパキした行動が必要です。特に、選ばれた子ども達に、効果的な教育を施そうという、私立や国立の小学校にとっては、見逃せないポイントといえます。

ハードル

《出題例》

❶ 走っていって、４本のハードルをすべて跳び越えなさい。

❷ １本目のハードルは跳び越え、２本目のハードルはくぐりなさい。

《その他の出題例》

●走っていって高さ３０センチのハードルを５本跳び越える。

point…

跳ぶ時の後ろ足に注意する

ハードルの連続跳びは、テストでおこなわれる運動の中で、もっとも難解な種目と言ってよいでしょう。跳ぶ際に使用されるハードルの高さは、２３センチから３０センチ位の高さで、主に‘ソフト体操棒’と呼ばれている器具が使用されています。表面がスポンジチューブで保護されているので、体に当たっても痛くありません。しかし、衝撃はなくてもハードルに足がふれて転倒する例はあります。ハードルでの失敗は、そのほとんどが後ろ足の跳躍不足からきています。幼児の場合、目の前の障害を跳び越えようと、右足を高く上げることは出来ても、後ろの足にまでは十分意識がついてゆきません。飛び上がると同時に、後ろ足をはね上げる、という点をぜひ指導しましょう。公園で遊ぶおりに、ゴム段を用いて練習するとよいでしょう。

走る形を作る

ハードル跳びの際に、もう一つ大切な点は、走る形の完成度です。一般的に３歳児と５歳児では、走る形に格段の違いがあります。詳しくは『かけっこ』の項で説明していますが、５歳になったら、①胸を張って正面を見る。②足の膝を高く振り上げる。③両腕のひじを折り脇をしめる、以上の３点が備わっていることが必要です。走りからハードルの飛越に移る際に、③の、脇を閉めるから、脇を開く動作に移行します。理にかなった体の動かし方が出来たときに、走りも、飛越も、かたち良くこなせます。

脇を開いて跳ぶ

リズム歩き

《出題例》

❶ピアノのリズムに合わせて、円の上を歩きなさい。

❷タンバリンの音に合わせて歩きなさい。速くたたいたときは走りなさい。

《その他の出題例》

- ピアノの音に合わせて、円の上をスキップやケンケンをしたり、歩いたり、走ったり、止まったりする。
- ピアノの音のときは普通に歩き、タンバリンの音のときは大男になってゆっくり大股で歩く。
- 在校生と一緒にリズムに合わせて、歩いたり、走ったり、ゾウのようにゆっくり歩いたりする。
- 2つのフープの間からスタートして、フープのまわりをリズムに合わせて8の字に歩く。
- タイコの音に合わせて、忍び足で進む。
- 行進していて、テスターが一つ手をたたいたときは止まり、二つたたいたときはそのまま歩く。

point…

リズム感を鍛える

幼児が音やリズムを感じとる能力は、生まれたとき既に持ち合わせているといわれます。お腹の中で何ヵ月もの間、母親の心臓の音を聞きながら育ってきたわけですから、当然かも知れません。しかし、いったん母親のお腹から外に出ますと、子どもの環境はいろいろです。胎児時代は極めて規則的な音だけをを体験してきましたが、急に耳慣れない様々な音に出あうことになるのです。近ごろでは、胎教という方法もふくめて、情緒によい影響を与える音やリズム感のある音楽を与えようと、心がけているお母さんがたくさんいます。そうした努力の結果は、4・5歳の幼児期後半に確かなものとして現れます。その一つがリズム感です。

家庭でもリトミック

音を確実に受けとめ、それに添って体を反応させるトレーニング『リトミック』も盛況です。ピアノの曲に合わせて行進したり、楽器のリズムに合わせて手拍子をとるおけいこは、リズム感を養うと同時に、無意識の内に胎児期の体験をよみがえらせ、情緒の面にも好ましい影響を与えるといわれています。幼稚園の保育や、体操教室の場に限らず、家庭においてもリトミックの時間を持ちたいものです。ことに小学校受験をひかえた家庭の場合、子どもの情緒面には、じゅうぶん配慮する必要があります。

スキップ

《出題例》

手をたたきながら、円のまわりをスキップしなさい

《その他の出題例》

- ●二つのフープの間からスタートして、フープのまわりをリズムに合わせて8の字にスキップする。
- ●タンバリンのリズムに合わせて、素足でスキップし、タイコが鳴ったら近くの子と2人組になる。
- ●円周上でスキップをしていて、テスターが1つ手をたたいたときは止まり、2つたたいたときはそのままスキップをする。

point…

手をつないで坂道をくだる

初めてスキップを教えようとしたとき、どんなふうに説明したらよいか迷った経験はありませんか。右足で軽く2回飛び跳ね、続けて左足で2回飛び跳ねる等と教えたら、むずかしくて、幼児はとても理解できないでしょう。お母さんと一緒に横に手をつないで、ゆるやかな坂道をランランランとくだればよいのです。何の説明もせずに、体の動きで覚えさせてしまう、これがもっとも簡単にスキップをマスターさせる方法です。

ジャンプ

《出題例》

太鼓の音に合わせて、出来るだけ高く上へ跳びあがりなさい。

《その他の出題例》

●号令に合わせてジャンプする。
●しゃがんで両手を床につけ、高くジャンプして頭の上で手をたたく。
●底のぬけた段ボールに入り、トランポリンをする。
●フラフープの中に入り、トランポリンをする。

point…

土踏まずを鍛える

垂直にジャンプするには、つま先に力を入れ反動をつけて踏み切ります。この運動には、土踏まずを中心にした骨の形成と、筋力の発育が十分でなくてはなりません。土踏まずは、生後約1年位から幼児期にわたって形成され、5歳時には化骨が完了するといわれています。しかし、運動量が少なかったり、運動スタイルに片寄りがある場合、土踏まずの形成はおくれることも指摘されています。虚弱体質や肥満児にその傾向がみられるようです。土踏まずの発達は、跳ぶ・走るの運動やバランスの維持にも欠かせない役割を持っています。幼児期に様々な動きを伴った遊びや運動を体験させ、土踏まずによい刺激を与えるよう心がけたいものです。

木の葉にタッチ！

小さな子が電車の吊革をつかもうと一生懸命手を延ばす姿や、歩道で、頭上の木の葉をつかもうとジャンプする姿は、昔も今もよく見かけます。こうした動作や遊びは、人間の体を形作っていくための、本能的な行動のようにも思えます。マナーを教える為に制止するだけではなく、むしろそうした欲求を満たしてあげられる遊びを考え、提供してあげましょう。ロケットになってジャンプして、頭上のフーセンをたたく。古新聞紙をぶら下げて、跳び上がってそれをちぎらせる。そんなたわいないことでも、遊びやゲーム感覚でおこなえば、子どもは疲れも知らず取り組むものです。他にもたくさん考えられますので、ぜひ工夫してみてください。

バランス

《出題例》

❶フープのまん中に立って片足を上げ、両手を広げて、ゆっくり１０迄数えなさい。

❷台の上にあがって、手を横に広げ、片足を出来るだけ高く上げなさい。「やめ」の合図まで続けなさい。

《その他の出題例》

- ●手を腰にして片足で立つ。左右ともにおこなう。
- ●目をつぶって片足で立つ。左右ともにおこなう。
- ●両手で片足の膝をかかえて立つ。
- ●左足で立ち、右の足首を右手でつかみ、「やめ」の合図があるまで続ける。

point…

制止状態での平衡感覚

平均台は動きのなかで、平衡感覚をテストしますが、バランスは片足立ちによる静止状態で平衡感覚をテストする種目です。平均台が苦手な子のほとんどがこの種目も不得意です。2・3歳児の場合には、つま先や土踏まずの成長がまだ不十分ですので、上手に出来ないからといって、出題例のようなテスト形式の練習はお勧めできません。片足立ちのバランス感覚を鍛える方法については、むしろ幼児の遊びの中に数多くありますので、そのいくつかを御紹介します。

家の中で出来る遊び

お母さんがピアノで何か知っている曲を弾きます。カセットテープでもかまいません。曲が流れている間、子どもはカラスになります。両手を広げてとびまわります。途中で音楽がストップしたら、瞬時にかかしになり、片足で立ちます。単純な遊びのようですが、実際にやってみると、子どもたちはけっこう喜んで、何度も繰り返そうとします。お友達が遊びに来たときなど、ぜひおこなってください。ただし近ごろでは、かかしを知らない子も少なくないようですので、念のため、絵本で見せたり、話して聞かせてからの方がよいかも知れません。

外で出来る遊び

『だるまさんが転んだ』の遊びは、子どもたちに人気があり、幼稚園でもよく行われています。鬼が「だるまさんがこ～ろんだ」といって向こうをむいているうちに、みんなが少しずつ鬼の方に前進し、言い終わって振り向いたときには、みんな一斉に静止する……、という遊びです。この遊びは、幼児の足首を鍛え、同時にバランス感覚を養うことが出来ます。その他に、ブランコの遊び等もバランス感覚を育てるといわれています。

体支持

《出題例》

机の間に立ち、両手をついて体を支えなさい。「やめ」の合図まで続けななさい。

《その他の出題例》

●両手を伸ばして床につけ、右手で左の肘をたたき、次に左手で右の肘をたたきなさい。「やめ」の合図まで続けなさい。

point…

腕の筋力を鍛える

この種目は、出題例1.のように、机と机の間に立って、肩と腕の力で体を支える、というスタイルが定番になっています。上の図のような出題は例外といってよいでしょう。

ところで体支持のテストは、運動競技の『鞍馬』によく似ています。この練習は、公園の通用門によくある、車両進入防止柵（鉄性のパイプ）を利用しておこなうことが出来ます。年長児でしたら、さっそくトライしてみましょう。ただ、2・3歳の幼児の場合には、腕の筋力がまだ十分に発達していませんので、まず、腕の筋力を鍛えることからはじめた方が賢明です。

幼児の腕の筋力は、重い物を持ち上げたり、押す、引く等、日常生活の動作を通して、知らず知らずのうちに鍛えられていきます。従って、親が手助けをし過ぎますと、筋力の発達はそれだけ遅れます。腕力・脚力どちらについても言えることです。ある程度の道のりは、出来るだけ足を使って歩かせるようにする。荷物もあえて持たせるようにする。そうした心がけが必要です。少しくらい疲れても、「がんばろうね」といきたいものです。

腕を強くする遊び

腕を強くする遊びに『乳母車引き』があります。これは運動テストの出題例にもあります。動作は、子どもの両足首をもって、子どもは、腕だけで体を支えながら歩く、というものです。親子でおこなう場合、はじめのうちは両手で子どものおしりを持ち、やがて、両方の太モモ、最後に足首、というステップを踏んでゆくとよいでしょう。

四足歩き(クマ歩き)

《出題例》

❶ 太鼓の音に合わせて、クマ歩きで三角ポールを廻ってきなさい。

❷ 平均台を、クマになって歩きなさい。

《その他の出題例》

- ●クマ歩きで平均台をくぐり、壁にタッチして戻る。
- ●横に寝かせたはしごをクマ歩きで進む。
- ●５人組になって、クマ歩きでリレーをする。
- ●曲がりくねった道をクマ歩きで進む。
- ●三角ポールの間をジグザグにクマ歩きで進む。
- ●線上の印のところまでクマ歩きで進み、そこで手をついてでんぐり返しを１回おこなう。
- ●クマ歩きで階段を登り、壇上でターンし、後ろ向きのクマ歩きでマットの坂道を降りる。

point…

クマ歩きのスタイル

クマ歩きの最も良い形は、両手でげんこつをつくり、両腕、両足を使って歩くスタイルです。ただし、マットの上ならよいのですが、床や、はしごの上となると、握った手が痛くて、とても歩けるものではありません。その場合は、手のひらを床につけて、お尻を持ち上げるように四足で歩きましょう。両腕は肩の幅よりいくぶん狭くして、指先がまっすぐに進行方向に向くよう注意してください。開きすぎたり、外向きだったりすると、頭からころげ落ちる恐れがあって危険です。

その他の四足歩き

四足歩きの代表は、出題例にあるように、‘クマ歩き’ですが、他にも、イヌ歩きや、ウマ歩き、などがあります。イヌ歩きは、お尻をやや下げて、足のひざを折って歩きます。歩く途中で、ときどき床に鼻をつけるような仕草をすれば、いっそうイヌらしくなります。ウマ歩きの方は、両足の膝を床につけて進む歩き方です。どこのお父さんも、かならず一度はしてくれる、あの『お馬さんごっこ』のスタイルです。

屈伸／柔軟

《出題例》

❶ 両手でグーパー・グーパーをしなさい。はじめはゆっくりと、だんだん速くしなさい。

❷ 足を伸ばして座り、両手でつま先をつかみなさい。足の膝を曲げてはいけません。

《その他の出題例》

- ●親指から１本ずつ順に折り曲げ、小指から順に開いていく。
- ●膝の屈伸をする。
- ●足を開いて床に座り、前屈運動をする。

point…

じゃんけんから始める

指の屈伸は、握力をつけるステップでもあります。幼稚園に入園する頃には、誰でもじゃんけんのルールを覚えるようですので、お母さんがリードして、両手一緒に、グー・チョキ・パーをさせてみて下さい。グーでしっかりげんこつをつくり、チョキは親指で薬指をおさえ、パーは手のひらをそり返すくらいに広げるよう指導します。上手に出来たら、今度は「グー・パーいっしょ！」とかけ声をかけて、右手がグー、左手がパー等、異なった手の形を同時に出すゲームを教えます。最後は「グー・チョキ」や「チョキ・パー」等も交え、左右一緒に変えるゲームに挑戦してみましょう。

船こぎ体操

出題例２.は腰や背筋の柔軟運動として、良くおこなわれる形です。体を柔らかくするために、『船こぎ体操』という、遊びに近い運動がありますので、ここにご紹介しておきます。

母子で向かい合って座り、足の裏と裏を合わせます。お母さんがこころもち足の膝を曲げ、手を差し出して子どもに手を握らせます。「ぎっちらこ～・ぎっちらこ～」といいながら、ボートを漕ぐ時の要領で、押したり引いたりする遊びです。「ぎっちらこ～」の調子をとることで、遊びを楽しくすることが出来ます。またこれに似た運動で、背中合わせになって座り、お互いの腕と腕を組んで後ろによりかかる『やじろべい体操』というのもあります。これは極端に座高に差があるとやりにくいので、お子さんが５歳になってからのほうがよいかも知れません。

機敏性

《出題例》

❶赤い玉を白い箱に、白い玉を赤い箱に、ひとつづつ取って入れ替えなさい。横跳びをしながら、なるべく速くやりなさい。

❷玉にぶつからないよう、円の中を上手に逃げなさい。

《その他の出題例》

- ●４組に分かれ、リレーでスポンジの積み木を高く積んでいく。
- ●１メートル位離れた二つの四角の右側には右足、左側には左足を入れながら反復横跳びをする。
- ●三角形のまん中に立ち、三角の辺を順に外、中、外、中と跳んでいく。
- ●１本の横線をはさんで、足を前後に開いて立ち、線を踏まないようにジャンプして前後に足を入れかえる。
- ●３個の箱があり、まん中の箱に４個の玉が入っている。これをできるだけ早く左右の箱に分けていく。

point…

機敏な子・緩慢な子

機敏性については、先にフープのくぐり抜けや、スモックの着脱等の例でもご説明していますが、学校側が特に関心をもって観察している点のようです。集団の中に入って一緒に行動する際の、適性を見るテストといえるかも知れません。「うちの子は、何につけても、することがおそいから……」と、大変心配されるお母さんがいらっしゃいます。動作が緩慢というのは、生まれもっての性格的な面もありますので、ことあるごとに「はやくしなさい」と叱責しては子どもの方が可哀想《かわいそう》です。ある程度は遊びを通して鍛えることも出来ますので、ここにその例をご紹介します。

いろいろなゲーム

お母さんが「かみなりごろごろ」といったら、子どもはおへそをかくします。「かみなりピカッ！」といったら目を覆います。「かみなりドカン！」といったら耳を覆います。お母さんが楽しいカミナリさまになって下さい。　もう一つは、ちょっと意地悪なゲームです。「お顔の中で隠そう……耳」といって、お母さんは鼻を覆います。そう、耳ではないところに手を持ていきます。子どもの方は言葉に従った場所を隠さないといけません。お母さんのジェスチャーに惑わされないようにするのです。「お顔の中で隠そう……」の後に、口、目、おでこ等、次々に変えて行います。このゲームのおもしろいところは、出題者の方がしばしば間違えるところです。「鼻」と言って、自分でも鼻をおさえてしまいます。子どもと交代してやってみるとよく分かります。

リズム打ち

《出題例》

❶ テスターのたたくタンバリンと同じように、手をたたきなさい。

❷ 音楽のリズムに合わせて、タンバリンをたたきなさい。

《その他の出題例》

- 配られた楽器で「おもちゃのチャチャチャ」に合わせて、リズム打ちをする。
- 楽器の音をテープで聞き、その数だけ手をたたく。
- テスターのお手本通りにタンバリンをたたく。
- リズムに合わせて、タンバリンをたたきながら歩く。

point…

リズム感の個人差

リズム感については、生まれもっての個人差があるようです。民族によってもその差が指摘されています。しかし幼児の場合、むしろ環境や体験の有無が、リズム感の個人差を大きくしています。音楽に合わせて手拍子をしたり、楽器をたたいたり、という動作は、本来子どもが好むことです。幼稚園の保育にまかせるのでなく、家庭でもこうした時間を楽しんでください。

リズムをとるおけいこに適した、幼児向けの曲はたくさんありますが、手始めに、以下の４曲をおすすめします。テストの際にも、しばしば用いられている曲です。

１.むすんでひらいて　２.どんぐりころころ　３.かえるのうた　４.ブンブンブン

言葉のリズム

‘りんご’という言葉をリズムに置き換えると、四分音符が三つになります。‘たんぽぽ’は四分音符が四つです。‘ヒコーキ’の場合は四分・二分・四分となります。また‘チューリップ’という言葉は、二分八分八分四分のリズムであらわせます。このように、言葉にもリズムがありますので、言葉のリズムを手拍子やカスタネットの音で表現させてみましょう。

動物模倣

《出題例》

❶ 犬になって、三角ポールを廻ってきなさい。
（2人ずつ競争でおこなう）

❷ あざらしになって白線から白線まで歩きなさい。

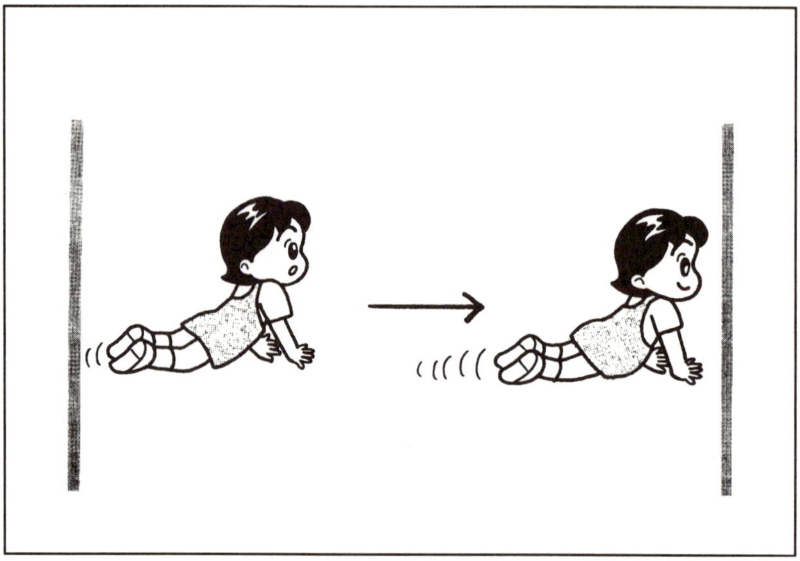

《その他の出題例》

●カエル、カメ、ゾウ、ウサギをまねて歩く。
●クモ歩きで白線から白線まで歩く。
●アヒルや小鳥のまねをしながら、歌に合わせて歩く。
●チョウ、ハチ、カエルなどになり、タンバリンの音に合わせて歩く。
●男子はゾウ、女子はチョウになって歩く。
●チョウになって飛び、花のつぼみにとまる。
●音楽に合わせてトンボのまねをする。
●カンガルーのまねをして跳ぶ。

point…

イメージをつかむ

いろいろな動物のまねをするには、まず個々の動物について、その特徴をつかんでおかなくてはいけません。動物園で実際の姿を見たり、図鑑で観察するのもよいでしょう。また、絵本や物語を通して得られる、かわいらしいイメージでの捕らえ方も必要です。いずれにしても、動物についての知識やイメージが豊富であれば、それだけ子どもの表現力も豊かになります。

動きの基本パターン

試験に良く登場する動物について、その基本的な模倣のパターンをいくつかご紹介しておきましょう。

ウサギ……両手を頭の上にあげ、指はつけたまま、手のひらを前後に揺らす。
カエル……ボールを受けとめるときの腕の形をして、しゃがんだまま跳ねる。
アヒル……腰をかがめ、腕は延ばしたまま、体のうしろで両手をゆする。
ゾウ　……鼻のあたりからゆっくり右手を降ろし、力を抜いて手をぶらぶら。
カメ　……両ひじを脇の下につけ、うつ伏せに寝て、手のひらだけを動かす。
アザラシ…出題例②の絵のように両足を伸ばして、腕の力だけで進む。
タヌキ……両足を開いてお腹を突き出しげんこつでたたく。
キリン……背伸びするようにしてつま先で立ち、右手を上げ手のひらを折る。
クモ　……仰向けになって、両手両足を使って歩く
ワニ　……腹ばいになって、お腹をつけたまま、はって歩く

身体表現

《出題例》

❶ 音楽に合わせて行進しなさい。途中飛行機の音がしたら飛行機のまね、汽車の音がしたら汽車のまね、自動車の音がしたら自動車のまねをしなさい。

❷ テスターがお仕事をする人の名をいいます。そのお仕事のまねをしなさい。

《その他の出題例》

●サッカーをするまねをする。
●輪になって立ち、ボールを持って隣の人に手渡していくまねをする。
●グループに分かれ、指示された昔話の登場人物のまねをする。
●風船になって飛ぶまねをする。
●きれいに咲く花のまねをする。
●大きく広がる打ち上げ花火のまねをする。

point…

パントマイムで遊ぶ

幼児は物まねが大好きです。幼稚園の保育の中でも、音楽に合わせて、色々な動物の真似をするカリキュラムが組まれています。子どもたちは、すっかりその動物になりきって体を動かしています。出題例にあるような乗り物の真似なども、実際に保育のなかでおこなわれています。このような模倣の楽しみをもう少しひろげて、親子でパントマイム遊びをしてはいかがでしょう。『お母さんがよく家でする事』というテーマを与え、子どもにその真似をさせます。幼児は案外細かく観察していますので、たいがいは上手に表現します。時には、何のことなのかまったく分からないような場合もありますが、答を聞いてみて「なるほど‥‥」と感心することもあるのです。パントマイムを通じて、これまで気付かなかった母親自身の仕草やクセなどを、子どもから教わったりもします。ところで、幼児とパントマイム遊びをする際に、ぜひ心がけて欲しいことがあります。それは、『動きの理由』を教える、ということです。「おぼんにお料理をのせれて運ぶと、そう、一度にたくさん運べるわよね」とか、「お野菜をきざむときに、こうして指を立てるのは、包丁でけがをしないため」といった具合に、日常のひとつひとつの動作に、みな理由があることを教えていきましょう。形を真似ると同時に、その動きの意味も理解したとき、表現力に格段の差が出てきます。

花になる

「花になりましょう」といわれたら、顔の前で手のひらを合わせ、ゆっくり膨らませて、両ひじをつけたまま手を開く、これが基本です。ただ、花が開いた瞬間、その子の笑顔が一緒にあったなら、もっとステキです。

模倣体操

《出題例》

テスターのまねをして体を動かしなさい。
（ジャンプして両手を広げ、ジャンプして手をたたくなど）

《その他の出題例》

- ●テスターが「糸まきまき」の歌 で手遊びをし、模倣をする。
- ●テスターの号令に合わせて、次の動作をする。「1」で両手を広げ、「2」で左膝をたたき「3」で右膝をたたき「4」で両膝をたたく。
- ●音楽に合わせて、テスターの動作を見ながら「クマさん体操」をする。（両手をついてクマのポーズをとり、片足を上げてからぐるりと一まわりする。）
- ●テスターの動作を見ながら、音楽に合わせて横歩き、ジャンプ、片足上げなどをする。

point…

真似ることは‘学習’の始まり

幼児の体操については、『クマさん体操』と『ハトポッポ体操』がよく知られています。いずれも過去に運動テストで実施された例があります。多くの幼稚園でも、保育のカリキュラムに組んでいます。しかしこれらの体操を、子ども達の誰もが楽しんでおこなっているかというと、必ずしもそうではないようです。理由は、いろいろな振り付けを教わり、それを覚えなくてはならないからです。まさに『学習』の要素を伴っているわけです。運動テストでおこなう場合、時間的な制約もあって、たくさんの動きを指示できません。したがって、出題例のように、2～3種類の形を、真似させるということになります。それでも、テスターと同じ動きやポーズをとれない子はかなりいます。体操と言うより‘真似る’ことが不得手な子です。

3歳時に真似っこ遊びを

真似る動作をすることは、幼児の発育過程で、ごく自然な現象です。しかし、‘正しく真似る’ためには、ある程度大人の指導が必要です。真似ることに興味を示す3歳くらいに、『真似っこ遊び』を体験させたいものです。「お母さんと同じようにしましょう」といって、手をたたいたり、頭に手をやったり、鼻をつまんだりします。そして正しく真似ることが出来たか、確認するために、鏡の前に立っておこなわせると効果的です。

夏休みのラジオ体操で、模範演技するお兄さんと同じように体操することが出来るようになったら、模倣体操は満点といえます。

ダンス

《出題例》

音楽に合わせ、好きなように踊りなさい。
（始めに在校生が踊ってみせる）

《その他の出題例》

●簡単なステップのお手本にそって、ダンスを踊る。
●在校生のまねをして、ダンスを踊る。
●「ぶん、ぶん、ぶん」の歌を歌いながら踊る。

point…

リズム感と表現力

ダンスの種目で「自由に踊る」という場合でも、何らかの手がかりはあるものです。『どんぐり』の曲であれば、両腕を頭の上高く上げ、指先を合わせて、どんぐりの形をつくったり、『ぶん・ぶん・ぶん』の曲であれば、ハチの真似をしながら行進したり、その曲に合ったポーズを作りながら踊ればよいのです。まして在校生やテスターのお手本が示されれば、振り付けの心配などありません。にもかかわらず、踊りに際だった差が生じるのはなぜでしょう。

模擬テストのおりに、子ども達が踊っている様子を観察していますと、まず、振り付けに気を取られ過ぎて、リズムにまったく乗っていない子が何人もいます。まるで音楽を無視してひとつのポーズをとりながら、トコトコ歩いているのです。見方によっては可愛いらしいのですが、やはり他の子に比べて、未熟な印象を与えます。また、なかには、今にも泣き出しそうな顔をしていたり、とてもコワイ顔で踊っている子などもいます。どちらも、見ている方がハラハラします。やはり、ダンス楽しくなくてはいけません。

『ダンス』の決め手は、リズム感と表現力です。曲のリズムに乗って、楽しく踊れるかです。日頃から音楽を聞かせたり、それに合わせて体を動かす習慣が身についていますと、たとえそれがテストであっても、子どもの体は自然に反応します。自然に反応出来る子が、この種目で、とても生き生きと見えるのです。

ゲーム

《出題例》

❶ ゲームの決まりをお話しますから、みんなで遊びましょう。（ドンじゃんけん）

❷ ゲームの決まりをお話しますから、みんなで遊びましょう。（フルーツバスケット）

《その他の出題例》

●ジャンケンゲーム。ジャンケンをし、勝ったら折り紙を半分に折る。3回続けて勝った人がみんなの前に出る。
●足でジャンケンをする。
●輪になってボール送りをする。
●椅子とりゲームをする。
●ネズミになった人が新聞紙のしっぽをつけ、ネコになった人がそれをとるというルールでしっぽとりゲームをおこなう。
●ウルトラマンシュワッチ、ビーム、クロスのそれぞれのポーズを教わり、だるまさんがころんだのルールで、おにが振り向いたとき、おにの言った言葉と違うポーズをとる。
●タオル送りゲームをする。
●おにごっこをする。
●はないちもんめ、かごめかごめをする。
●ハンカチ落としをする。
●忍者ごっこをする。
●ボーリング遊びをする。
●スモックの着脱リレーをする。
●タンバリンの音を聞き、その数と同じ人数でグループを作る
●歌を歌いながら歩き、別の子とジャンケンをして負けた子が勝った子の後ろにつく。1列になるまで続ける。他多数

※ゲームの出題内容については、他にも多数ありますが、遊びのルールが複雑なものや、指示を伴うゲームは2章の『指示行動』をごらんください。

point…

集団内での『適応性』

ゲームを通して、子ども達の色々な面を観察することが出来ます。いわゆる行動観察の場です。性格も現れますし、機敏性や、その他様々な運動能力もテストできます。ただ、学校側が最も注目しているのは、集団の中での『適応性』のようです。集団の構成には利発なリーダーが必要ですし、それをアシストする人も必要なのです。したがって必ずしも活発な子だけが良いというわけではありません。ゲームに代表される『行動観察』については、別の機会に改めてとりあげたいと思います。

自由遊び

《出題例》

さあ、好きなもので元気よく遊びましょう。
(フープ･大玉ころがし･縄跳び･ミニバスケット等がある)

《遊具例》

①主に運動器具の場合

鉄棒・ボール・玉入れ・ろくぼく・滑り台・バランスごま・跳び箱・マット・ケンパー用フープ・紙風船・大積み木・輪投げ・ゴム段・段ボール箱・ボーリング・綱・はしご・トランポリン

②その他の玩具の場合

絵本・折り紙・ままごと・紙芝居・お絵描き・積み木・ブロック・ぬいぐるみ・

point…

遊びを楽しめるか

自由遊びでは、いろいろな運動器具を配置し、主に運動を中心にした活動的な遊びをさせる学校と、折り紙・絵本・積み木・ブロックなどの遊具で、静的な遊びをさせる学校とがあります。むろん両方が用意されている、というケースも少なくありません。いずれの場合にしても、親の立場からすれば、我が子が何かに集中して、楽しんでいるだろうか、というところが気がかりです。じつはテスターの観察ポイントもそこにあるのです。楽しめるというのは、上手に遊べることを意味します。そこには、ほかの子とたちとの協調性という要素も加わりますが、いちばん大切なのは、遊びに集中出来るか、という点です。どれにも集中できず、あちこち移動する姿は好ましくありません。

遊べる子は、伸びる子

活動的な遊びであれ、静的な遊びであれ、それを楽しむためには、ある程度‘出来る’ということが前提です。どんな遊びであっても、それが上手になるためには、かならず、繰り返す、集中する、ということが必要です。幼児期に遊びが上手であることは、頑張る力を持っていることを意味します。『上手に遊べる子は、伸びる子』といわれる所以です。そうしてみると、母親の責任も重大です。なぜなら、幼児は遊びの多くを母親から教わるからです。5歳の秋を迎えるまでに、どのくらい遊びを会得させられるでしょうか。これは小学校受験をクリアする一つのカギになりそうです。

第4章

学校別出題データ

学校別目次

私立小学校

国立大附属小学校

青山学院初等部

●主な出題種目

かけっこ

ゲーム

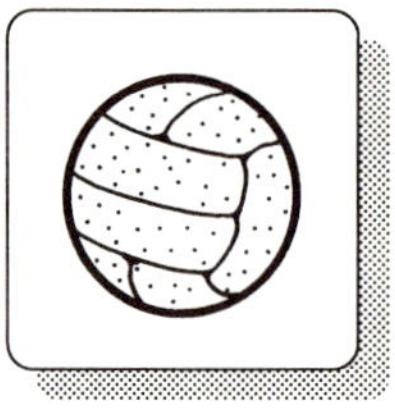

ボール

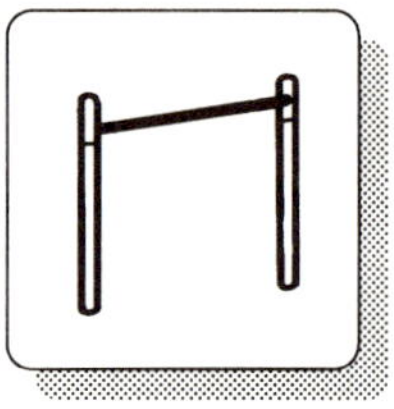

鉄棒

【運動テスト実施内容】

1999〈リレー〉紅白に分かれてかけっこのリレーをする

2000〈リレー〉紅白に分かれてかけっこのリレーをする

2001〈リレー〉紅白に分かれてかけっこのリレーをする

2002〈リレー〉かけっこ・大玉転がしのリレーをする

〈ボール〉紅白に分かれてドッヂボールをする

〈ボール〉紅白に分かれてミニ・サッカーをする

〈ゲーム〉くねくねと曲がった道でドンジャンケンを行う

2003〈リレー〉かけっこやクマ歩きで競争をする

〈ボール〉紅白に分かれてドッジボールを行う

2004〈リレー〉かけっこや、玉入れ、クマ歩きで競争をする

2005〈リレー〉かけっこや、玉入れ、クマ歩きで競争をする

〈鉄　棒〉鉄棒にぶら下がる

【指示行動実施内容】

1998・跳び箱（5段）に登る→マット上に跳び降り→前転→平均台→ろくぼく登り→トランポリンに跳び降りる

1999・走る→ゴム段を跳ぶ→ケンケン→走ってゴール

2000・離して置かれた跳び箱（5～6個）を跳び移る→マット上に跳び降り→前転→平均台

2002・マットや丸太をジャンプしながら進む→平均台を渡る→跳び箱に登って跳び降りる

2003・跳び箱（5段）に登る→マット上に跳び降り→前転→平均台→ろくぼく登り→印にタッチする→飛び降りずに降りる→ゴールへ走る

自由遊びの運動遊具

行動観察（自由遊び）の際に、過去に以下の運動遊具が用意されていました
これらの遊具を使って楽しく遊べるよう、できるだけ体験しておきましょう。

・平均台・登り棒・鉄棒・大玉転がし・ボール・縄跳び・フープ

学習院初等科

●主な出題種目

ジャンプ

模倣体操

リズム歩き

ケンケン

【運動テスト実施内容】

1999〈機敏性〉リボン付きの箸を持ち、音楽に合わせ指示通り動く
〈ケンケン〉2組でケンケン・ジャンケン・球投げをする

2000〈リズム歩き〉床に書かれた3本線の中央に立ち、かけ声で前→中央→後ろ…と色々な速さの曲に合わせて動く

2001〈リズム歩き〉音楽と号令に合わせ手足の運動やスキップをしながら行進する

2002〈模倣体操〉両足を揃えて立ち、両手を後頭部で組んで屈伸を2回行う

2003〈ジャンプ〉テスターの手拍子で、ジャンプ
〈ボ ー ル〉床の上でボールを突きながら、コマのように一回りする

2004〈ゴム段〉ゴム段跳ぶ・ゴム段をくぐる

2005〈模倣体操〉テスターの動作をまねて手足を動かす

【指示行動実施内容】

2000・ケンケン前進→ゴムくぐり→台に乗る→床の印に飛降り→足踏み待機→籠の玉を移し入れる

2001・楽器の合図に合わせ片手で片足を持ち、ケンケン廻りをし、合図毎に手足・左右を交代する

2002・タンバリンの音の数に合わせグループを作る（3,4回）→5人ずつになり、色々な物が入った箱まで行って指示された物を持ってくる（ケンパー→赤ボールを2個／右手を頭、左手を顎に置く→ケンケン→貝殻を3個／カニ歩き→棒2本・輪を1個など）→3～5人ずつに分かれ、持ってきた物を模造紙の上に置き、グループ毎に指示された物を作る（お花畑／動物園／海／冷蔵庫など）

2003・「タンバリンの音で右足ケンケン、笛の音で左足ケンケン、鈴がなったらカニ歩き」のルールのもとに行なう。楽器は順不同に鳴らされる。

2004・「ハッピーバースデー」の曲に合わせてカスタネットを叩きながらスキップする

川村小学校

●主な出題種目

スキップ

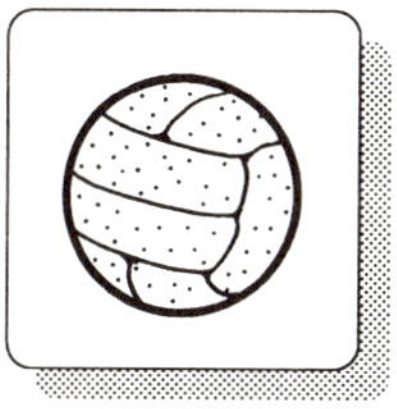

ボール

模倣体操

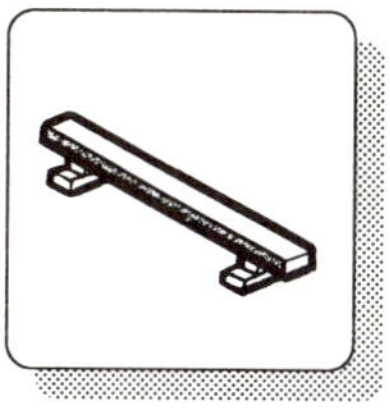

平均台

【運動テスト実施内容】

1999〈模倣体操〉テスターの手本を身ながらリズムに会わせて体操する
〈スキップ〉在校生とラインを１周する
〈ボール〉在校生に向かってボールを投げる・床でボールを突く
〈動物模倣〉アヒル／後ろ歩き、カニ／横歩き

2000〈模倣体操〉テスターの手本に合わせて行う
〈スキップ〉在校生とラインを１周する
〈ボール〉在校生に向かってボールを投げる・床でボールを突く
〈平均台〉台の上を歩き、跳び降りる

2001〈模倣体操〉テスターの手本を身ながらリズムに会わせて体操する
〈スキップ〉スキップで円を１周する
〈ボール〉在校生に向かってボールを投げる・床でボールを突く

2002〈模倣体操〉テスターの手本を身ながらリズムに会わせて体操する
〈スキップ〉在校生と１周する
〈ボール〉在校生に向かってボールを投げる・床でボールを突く

2003〈模倣体操〉テスターの手本を身ながらリズムに会わせて体操する
〈スキップ〉スキップで円を１周する
〈ボール〉在校生に向かってボールを投げる・床でボールを突く

2004〈模倣体操〉テスターの手本を身ながらリズムに会わせて体操する
〈スキップ〉スキップで円を１周する
〈ボール〉在校生に向かってボールを投げる・床でボールを突く

暁星小学校

●主な出題種目

ケンパー

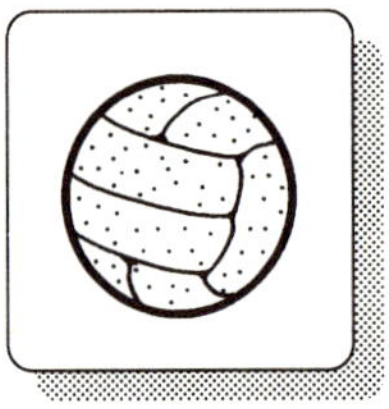
ボール

動物模倣

身体表現

【運動テスト実施内容】

1998〈ケンケン〉決められた線からスタートし、三角コーンまで行き回って来る
〈ボール〉サッカーボールを投げたり、リフティングしたりする
1999〈輪投げ〉3回行い入った数を報告する
〈ケンケン〉ケンケンでポールを回って戻る
〈カエル跳び〉手を床について跳ぶ
〈ドリブル〉サッカーボールを蹴りながら8の字に回る
2000〈ケンケン〉ケンケンでポールを回って戻る
〈カエル跳び〉手を床について跳ぶ
〈ドリブル〉サッカーボールを蹴りながら8の字に回る
2001〈身体表現〉悲しい・楽しいなどの様々な表情を声を出さずに表す
〈ドリブル〉サッカーボールを蹴りながら8の字に回る
〈ウサギ跳び〉前方に置かれた三角コーンを回り戻ってくる
〈ケンケン〉前方に置かれた三角コーンを回り戻ってくる
2002〈ボール〉ボールを突きながら8の字に回る
〈ケンケン〉前方に置かれた三角コーンを回り戻ってくる
2003〈ドリブル〉サッカーボールを蹴りながら8の字に回る
2004〈ボール〉ルールの説明を聞いたあと、2チームに分かれてミニサッカーをする

【指示行動実施内容】

2000・5つの果物コーナーを回りながら課題をこなす（赤いリンゴを2つカゴに入れるなど）

・タオルを畳み袋に入れる→新聞紙を丸め玉入れをする→沢山の人形の中から好きな物を答える→笑い顔・怒り顔のを見て物語を作る→箱の中を見ずにボールを取り出す

2003・ルールの説明を聞いたあと、グループに分かれ積み木移動のリレーをする

2004・床の上でボールをつきながら三角ポールを8の字に廻る→マットでイモムシコロコロ→ハードルを跳ぶ→走ってゴール

慶應義塾幼稚舎

●主な出題種目

模倣体操

ケンパー

ダンス

屈伸

【運動テスト実施内容】

1998〈リズム体操〉音楽や号令に合わせ体操する（床に置かれた風船に触らないよう）

〈ボール〉玉入れを行い、得点カードを貰う

〈サッカー〉細長い台の上でボールを蹴り落とさず到達した場所で得点カードを貰う

1999〈リズム体操〉音楽や号令に合わせ体操とダンスをする（グループにより楽器・ボール・人形を持ったり、太極拳風の動きをしたりと異なる）

2000〈リズム体操〉テスターと一緒に音楽に合わせて踊る

〈ゴム段〉片足で交互に3本のゴム段を跳ぶ

2002〈模倣体操〉音楽に合わせ、テスターの真似をする

〈ケンケン〉手を腰にあてて印に沿ってケンケンで進む

〈バランス〉フラミンゴのような姿勢で片足立ちをする

〈屈　伸〉体を前後に倒したり、膝を曲げ伸ばしする

〈機敏性〉足を伸ばして座り、合図に従い素早く立ったり座ったりを繰り返す

2003〈身体表現〉森に住んでいる動物の鳴き声や、動きをまねて表現する

2004〈模倣体操〉音楽に合わせ、テスターの真似をする

〈屈　伸〉体を前後に倒したり、膝を曲げ伸ばしする

〈バランス〉足を伸ばして座り、両手を広げ両足を上げる。その姿勢から両足で『自転車こぎ』のまねをする

〈機敏性〉スキップをしながら、合図と同時に2人・3人のグループになる

2005〈的当て〉バトミントンのラケットを使って、数字の書いてある的に当たるようスポンジボールを打つ

〈ケンケン〉右足ケンケンで三角ポールを廻り、帰りは左足ケンケンで戻る

〈ボール〉バスケットボールを床についてドリブルをする

〈模倣体操〉音楽に合わせ、テスターの真似をする

【指示行動実施内容】

2000・玩具の野菜や果物・積み木・色板などを、指示に従い、早く籠に移す・引出しにしまう・色板構成をする…と順次行う

2001・3人ずつの競争で、以下の内１つの課題をなるべく早く指示通りに行う（ケンケン→スキップ／ケンパー→マット前転→横歩きの往復→輪くぐり→走行・停止・方向転換を合図で繰り返す／マット前転→ゴム段跳び→走行）

2002・4人ずつ指示通りに競争で行う（走行→コーンを回る→ケンケン・両足跳び・スキップ／走行→ゴム段跳び→コーンを回る→イヌ歩きで戻る→ゴム段をくぐる→スキップ）

・以下の内１つの課題を指示通りに行う（音楽に合わせ線の周りを行進→太鼓がなったらその数だけ組を作る→円になり座る／2チームに分かれ、コーンの間をジグザグに進む→ドンジャンケン／コーンの枠内で鬼ごっこ→負けたら帽子を置く／4人で段ボールの四隅を持ってボールを載せ、落ちないよう注意してコーンを回る）

2003・「岩に登る・草むらの中に隠れる・走って逃げる」など、テスターの指示にそって、森に住んでいる動物になりきって行動する。

2004・平均台を渡る→跳び箱によじ登って跳び降りる→積み木を高く積む→ゴム段を跳び超える→三角コーンをジグザグ走り→ゴールで好きなポーズ

国立学園小学校

●主な出題種目

模倣体操

ボール

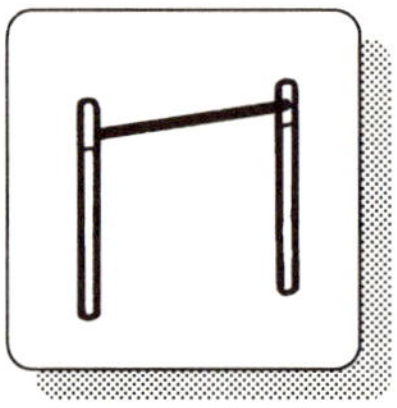
鉄棒

スキップ

【運動テスト実施内容】

1999〈模倣体操〉足でグーパーグーパーを繰り返す（手はグーの時は下、パーの時は横に出す）

2000〈横跳び〉テスターの膝の高さにあるヒモを、足を揃え左右に跳び越す

2001〈スキップ〉スキップをしたり足踏みをしたりする

2002〈持久力〉鉄棒につかまり、5つ数えるぐらいの間ぶら下がる

2003〈ボール〉ボールをころがし、ペットボトルで作ったピンを倒す

2004〈模倣体操〉テスターの動きをまねて手足を動かす

【指示行動実施内容】

1999・斜めの平均台を両手を伸ばして渡る→跳び箱に登る→マットの上に跳び降りる→ポーズ

2000・斜めの平均台を両手を伸ばして渡る→跳び箱に登る→マットの上に跳び降りる→ポーズ

2001・斜めの平均台を両手を伸ばして渡る→跳び箱に登る→マットの上に跳び降りる→ポーズ

2002・斜めの平均台を両手を伸ばして渡る→跳び箱に登る→マットの上に跳び降りる→ポーズ

2003・斜めの平均台を両手を伸ばして渡る→跳び箱に登る→マットの上に跳び降りる→ポーズ

2004・斜めの平均台を両手を伸ばして渡る→跳び箱に登る→マットの上に跳び降りる→ポーズ

2005・斜めの平均台を両手を伸ばして渡る→跳び箱に登る→マットの上に跳び降りる→ポーズ

晃華学園小学校

●主な出題種目

ダンス

ケンパー

模倣体操

かけっこ

【運動テスト実施内容】

2000〈ダンス〉音楽に合わせ、手本通りにダンスをする

2001〈ダンス〉音楽に合わせ、手本通りにダンスをする

〈ケンパー〉ケンパーで跳ぶ→平均台に乗り、渡る→マットの上に跳び降りる

2002〈模倣体操〉テスターのお手本を観ながら、同じように体を動かす

〈障害物競争〉かけっこでスタートし、途中のフープや網をくぐったりしてゴールする

【指示行動実施内容】

1998・指示を聞いてから順番に行う（走る→ケンパー→ジグザグ→籠のボールを移す→平均台を渡りマット上に着地→円まで走り、中に入って体操座り）

・自分の机と同じ印のついた机に行って、フックにかかったスモックを着る→絵カードとはさみを持ってくる→絵を切り取る→切りくずはゴミ箱に捨て、絵カードとはさみは元に戻す→スモックを脱ぎ、フックにかける

1999・指示を聞いてから順番に行う（走る→ケンケン→ジグザグ→ボール突き→平均台を渡りマット上に着地→ゴム段をくぐる→円まで走り、中に入って体操座り）

2001・果物屋、用品店、軍手屋の3つの店で指示された物を玩具のお金で買い、籠に入れて持ってくる

2002・フラフープの中に置かれた縄跳び・スモック・野球ボール・本などを、指示された順番に従って整頓する

2003・「クレヨン・折り紙・画用紙・のり・おしぼりタオル」今言われたものを青の巾着袋に入れてもってくる

湘南白百合学園小学校

●主な出題種目

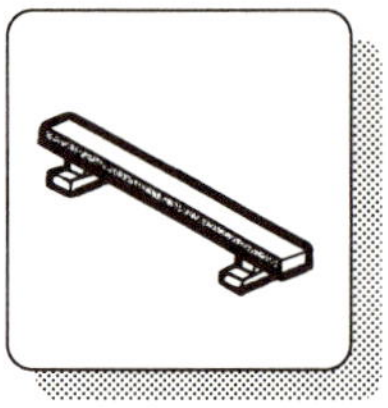

平均台

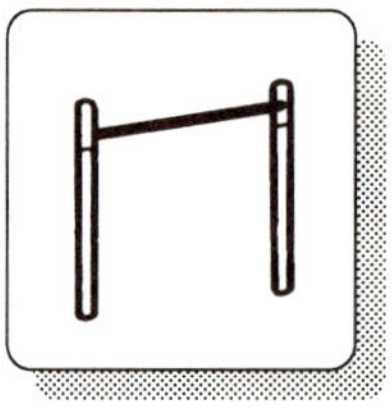

鉄棒

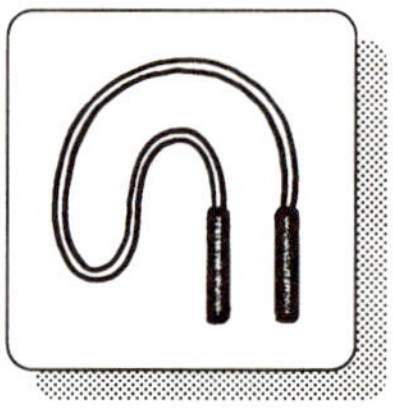

縄跳び

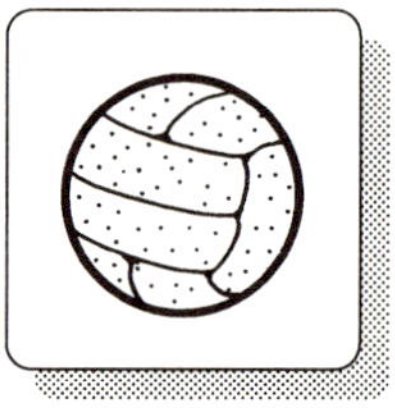

ボール

【運動テスト実施内容】

2000〈縄跳び〉10数える間だけ跳ぶ
〈ドリブル〉ボールをついて籠に入れ、次にタッチ
〈玉入れ〉網に向かい投げる
〈ゴム段〉高さ40センチを跳び越える
〈鉄　棒〉15秒ぶら下がる

2001〈縄跳び〉声を出さず10回数えて跳び、縄を畳み次の人へ渡す
〈かけっこ〉三角コーン小～大の順に回る
〈ドリブル〉かけっこのコースでボールをつく
〈玉入れ〉最初は2つ貰って投げ、次に3つ貰って網に向かって投げる

2002〈ボール〉10回ついて次の人へ渡す
〈マット〉横転をする
〈平均台〉途中に置いてある箱を落とさないように渡る
〈障害物競争〉ハードルをくぐり、跳び箱を跳んだら全力走行
〈はしご登り〉5人競走で行う

2003〈模倣体操〉テスターの動作を見ながら、両肩を上下・右肩を上下・左肩を上下・右肩を廻す・左肩を廻す
〈平均台〉両手を広げて平均台を渡る
〈ボール〉ドッジボールを10回つく
〈玉入れ〉カゴの中にボールを投げ入れる

2004〈ドリブル〉ドッジボールをつきながら3角ポールを廻ってくる
〈機敏性〉うず巻きのラインの間を中心に向かって全力で走る
〈縄跳び〉前跳び10回
〈幅跳び〉白線の手前から跳ぶ
〈鉄　棒〉逆手でけんすいの形をして10数える
〈リズム〉音楽に合わせて行進・かけ足・スキップをする

【指示行動実施内容】

2002・筆記用具を取ってくる→箱からクレヨンと鉛筆を出し、紙の左側に置く→左から2番目の丸に赤いクレヨンで色を塗る→その下に青い四角を描き、その中を黄色で塗る

・（タンバリンの音を聴いて、約束に従い歩く・走る・ジャンプを行う）

2003・道具箱を取ってくる→箱の中から3本線が引かれた用紙を出し一番長い線と一番短い線をハサミで切る→色オハジキ5つにヒモを通して片結びする→箱を元の場所に片付ける。

・太鼓の音の数を聞いて、その数のお友達同士で手をつなぐ

・スタート→走ってコーンを廻ってくる→体操座りをして手を組む

星美学園小学校

●主な出題種目

両足跳び

ゲーム

かけっこ

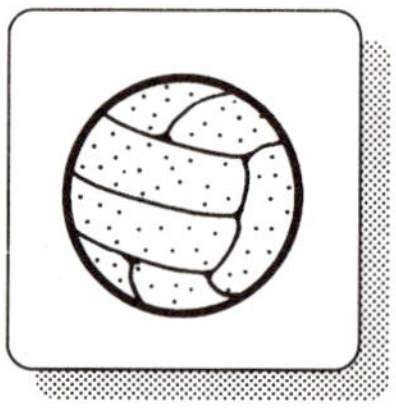
ボール

【運動テスト実施内容】

1998〈かけっこ〉走ってポールを一回りしてくる（タイムを測定）
〈両足跳び〉白線の手前からできるだけ遠くへ跳ぶ
〈ボール〉ゴムボールを遠くへ投げる

1999〈かけっこ〉走ってポールを一回りしてくる（タイムを測定）
〈両足跳び〉白線の手前からできるだけ遠くへ跳ぶ
〈ボール〉ゴムボールを遠くへ投げる

2000〈バランス〉両手をひろげて片足で立つ
〈かけっこ〉走ってポールを一回りしてくる（タイムを測定）
〈両足跳び〉白線の手前からできるだけ遠くへ跳ぶ
〈ボール〉ゴムボールを遠くへ投げる

2001〈しり相撲〉マット上でバンザイのかっこうをし、押しくらまんじゅうのように相手を尻で押し出す

2002〈リズム〉『ブンブンブン、蜂がとぶ』の歌を歌い、カスタネット・タンバリン・鈴（の中から好きな物）を鳴らす
〈かけっこ〉走ってポールを一回りしてくる（タイムを測定）
〈両足跳び〉白線の手前からできるだけ遠くへ跳ぶ
〈ボール〉ゴムボールを遠くへ投げる

2003〈ゲーム〉音楽に合わせて列車になり出逢った子とジャンケンをする（ジャンケン列車）

2004〈ゲーム〉音楽に合わせて列車になり出逢った子とジャンケンをする（ジャンケン列車）

【指示行動実施内容】

2003『猛獣狩りゲーム』言葉の音数と同じ数のグループをつくる（ウサギ→3人組、ライオン→4人組）

2004『猛獣狩りゲーム』言葉の音数と同じ数のグループをつくる（ウサギ→3人組、ライオン→4人組）

聖学院小学校

●主な出題種目

ゲーム

機敏性

【指示行動実施内容】

2002〈ゲーム〉ルールの説明を聞いたあと「なんでもバスケット」のゲームをする

2003〈ゲーム〉テスターと同じポーズをしてはいけないというルールの説明を聞いたあと、3つのポーズ（両手を前に・両手を上に・両手を胸に）を行なう。（テスターと同じポーズをとったら負けで終わりになる）

〈ゲーム〉テスターと同じポーズをしてはいけないというルールの説明を聞いたあと、3つのポーズ（両手を前に・両手を上に・両手を胸に）を行なう。（テスターと同じポーズをとったら負けで終わりになる）

精華小学校

●主な出題種目

ゴム段

動物模倣

模倣体操

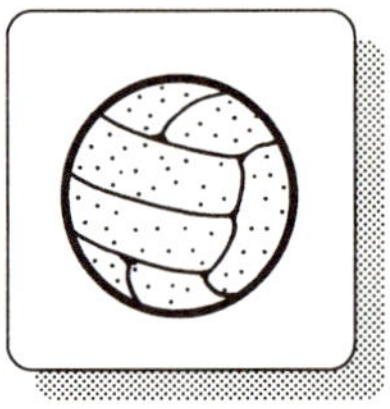

ボール

【運動テスト実施内容】

2000〈模倣体操〉「ジャンプ・開脚・頭上で手打ち」を真似る

〈ゴム段〉高さ10センチ位のゴム段を左右に跳ぶ（合図まで繰返す）

〈動物模倣〉カニのように、腕立伏せの姿勢で横移動し床の線をまたぐ

2001〈動物模倣〉アザラシのように、腹ばいになり手の力だけで約5メートル進む

〈ゴム段〉高さ20センチ位のゴム段を、引っかからないよう左右に跳ぶ（止めの合図まで繰り返す）

〈ボール〉ピンポン玉を床に落とし、跳ね返ったところを取る

2002〈模倣体操〉「両手両足を開く→閉じる→両足を開き頭上で手を叩く→両手・両足を閉じる」を止めの合図まで続ける

〈持久力〉腕立て伏せの姿勢になり、腕を動かさず足だけで時計方向に一回りする、足を動かさず腕だけで一回りする

〈跳び箱〉20センチ位の高さの跳び箱を「止め」の合図があるまで昇り降りを繰り返す

2003〈ボール〉左右の手に大きいゴムボールを乗せ、コーンを一回りして戻ってくる

〈模倣体操〉両腕を『上→横→下→前』の順に伸ばす

〈リズム体操〉その場で足踏みをし4呼間目に頭の上で1回手を叩く

〈ゴム段〉低く張ったゴム段を踏まないように両足をそろえて左右に跳ぶ

〈ボール〉両手でボールをバウンドさせ又取る（合図まで繰返す）

2004〈アザラシ歩き〉腹ばいになり手の力だけで約5メートル進む

〈ジャンプ〉テスターが上げた手にタッチするように跳ぶ

〈模倣体操〉足ふみをし、テスターと同じように手の指を順番に開いたり閉じたりする

2005〈ゴム段〉ゴム段を行きはくぐり、帰りは跳ぶ

〈ケンケン〉ケンケンで三角ポールをジグザグに進む

〈クモ歩き〉両手両足を開いてクモのように進む

【指示行動実施内容】

2002〈ボール〉スタート地点に青いボールが3つ入った青色の箱と、空の黄色の箱が置いてある。10m程先の向い側には黄色のボールが3つ入った黄色の箱と、空の青色の箱が置いてある。スタートの笛の合図で、青いボールを1つ箱から取って向い側へ走り、空の青い箱に入れ、となりの黄色の箱から黄色のボールを1つ取ってスタート地点へ走り戻って黄色の空の箱へ入れる。これを繰り返し、青と黄色すべてのボールを反対側の箱に移し替えたらゴール。

2003・気をつけ→しゃがんで手をつく→腕立て伏せ→しゃがんで手をつく→気をつけ

成蹊小学校

●主な出題種目

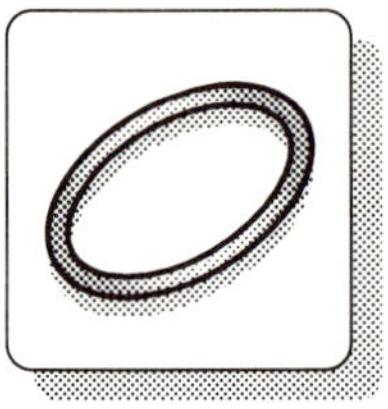
フープ

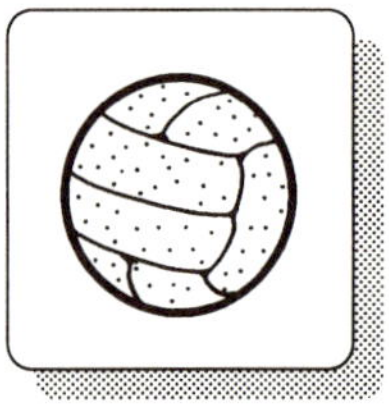
ボール

かけっこ

両足跳び

【運動テスト実施内容】

1998〈玉入れ〉白玉を1メートル先、赤玉を1.8メートル先の缶に5つずつ投げ入れる

1999〈両足跳び〉白線の手前から両足をつけてできるだけ遠くへ跳ぶ（男子）

〈ボール転がし〉テスターの方に向かってボールを転がす

〈ボールつき〉ビニールボールを片手で突く

2000〈ボール〉床にボールをつき拍手を2回する（男子）

〈ケンケン〉ジグザグに描かれた道をケンケンで進む（女子）

2001〈ゴム段〉ゴムに触れずにゴム段をくぐる

〈機敏性〉床の四角を駆け足で移動する

〈ボール〉床にボールをつき拍手を2回する

〈両足跳び〉白線の手前から両足をつけてできるだけ遠くへ跳ぶ（男子）

〈ジグザグ走〉コーンの間をジグザグに走る（女子）

2002〈四足歩き〉クマ歩きで三角コーンを回る

2003〈バランス〉ペットボトルを逆さに持ち、ボトルの底にボールを乗せてリレーをする

2004〈ボール〉テニスボールをバウンドさせて紙コップで受け止める（左右交互に3回）

〈フープ〉フラフープで縄跳びをする

2005〈ボール〉フラフープの中に立ち、ボールをバウンドさせて、その間に手を1回たたきボールをキャッチする（繰り返し3回）

【指示行動実施内容】

2000・フープを頭からくぐり→走る→次のフープを頭からくぐり(交互に繰返す)(男子)

・ボールを転がし→走る→棒をくぐる→ボールを追う→ボールを持ったまま打楽器を叩く→ケンケン（止めの合図まで繰り返す）

2001・ボールをつき、拍手1回で取る→拍手2回で取る→拍手3回で取る（各3回繰返す）

2002・スタートからクマ歩き→コーンの外側を回る→ゴム段くぐり→ゴールに置かれたカスタネットをたたく

2003・小フープの真ん中に立ち、前・中・後・中・右・中・左・中の順に両足をそろえて跳ぶ

2004・フープの中に立ち「ヨーイドン」でボールを1つとって走り○印の箱に投げ入れる→駈け足でフープに戻り、ボールを1つとってケンケンで進み△印の箱に投げ入れる→駈け足でフープに戻り、ボールを1つとってフープの中から☆印の箱に投げ入れる。止めの合図があるまで数回繰り返す。

・フープからスタートして走り→段ボールの箱をくぐり抜け→タンバリンをたたき→箱を跳び超えて→2つ目のタンバリンを叩き→フープに戻る

2005・タンバリンを1回叩く→鈴の下がっているゴムひもを鈴に触らないようにくぐる→イスの周りを廻る→ゴム段を跳び超え最始の場所に戻る（2回行なう）

成城学園初等学校

●主な出題種目

ケンパー

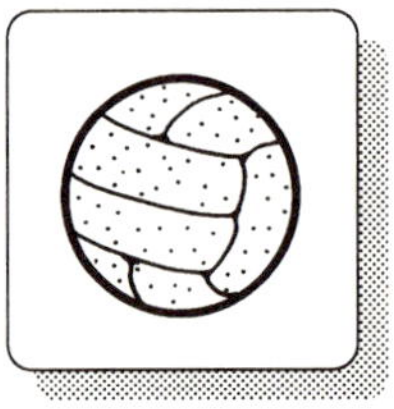

ボール

かけっこ

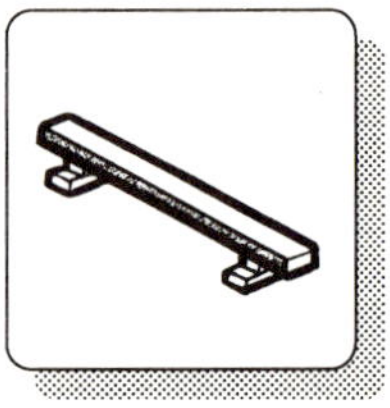

平均台

【運動テスト実施内容】

2000〈ゴム段跳び〉跳ぶ・くぐるを3回

〈ボール〉壁の印より高く投げる

〈跳び箱〉跳び箱に乗り、2メートル先の籠にボールを入れる

〈平均台〉ボールを持ち渡り離れたフープまで投げる

〈かけっこ〉合図で走り、ポールを回る

2001〈ケンパー〉床のフープに合わせ跳ぶ

〈走り幅跳び〉マット上の２つの線の間を跳び越す

〈ボール〉壁に向け投げる

〈かけっこ〉お手玉を台に載せて走って戻る

〈ボール〉斜めになった台から床に転がり落ちるボールを受取る

2002〈鉄　棒〉肘を曲げてぶら下がる（止めの合図まで我慢）

〈ボール〉壁に引かれた線まで投げる

〈ジグザグ走〉音楽が鳴る間、ポールの間を走る

2003〈模倣体操〉音楽に合わせて、テスターと同じように体を動かす

〈かけっこ〉音楽がなったらかけだし、音楽が終わる迄にコーンを1周してくる

〈平均台〉ドッジボールを持って平均台を渡り、降りたらボールを籠に入れる

〈ボール〉壁に引かれた線より高い位置に当たるようボールを投げる

2004〈かけっこ〉合図で走り、ポールを廻ってくる

〈ボール〉壁に引かれた線まで投げる

〈ケンパー〉床に並べられたフープに合わせ跳ぶ

【指示行動実施内容】

1998・平均台を渡る→途中に置かれたボールを拾う→渡り終えたら跳び降りる→駆け足で台の中央にボールを戻す→駆け足でゴールまで行く

2002・平均台を渡る→途中に置かれたボールを拾う→渡り終えたら跳び降りる→テスターの所に行ってボールを戻す

聖心女子学院初等科

●主な出題種目

リズム体操

スキップ

ゲーム

機敏性

【運動テスト実施内容】

1998〈機敏性〉（グループで輪になり行う）鉢巻きをお腹の前で1回結ぶ→手を1回叩いてほどく→隣の人に渡す…一周したら次は反対に回る

1999〈ゲーム〉4チームでドンジャンケンを行う（負けた子は勝った子を抱き上げる）

〈機敏性〉テスターと反対の動作をする

2000〈リズム体操〉音楽に合わせ、テスターの真似をしながら体操する

2002〈リズム体操〉「頭・肩・膝・ポン」の歌で手遊びをする

2003〈スキップ〉音楽とタンバリンの音に合わせて、描かれたラインの周りをスキップして廻る

【指示行動実施内容】

1998・グループに分かれ、テスターがタンバリンを1回たたいたら、テスターの立っている前を真ん中とした列になるように並んでいく（テスターは体の向きを色々変えてタンバリンをたたく）

1999・室内を行進・ケンケン→踏切前で整列→テスターの指示する物の名前をなるべく早く答える→踏切を通る（すぐ答えられなければ列の後ろへ再度並ぶ）

2002・靴と靴下を脱ぐ→指示された場所に置く→画用紙に自分の足の輪郭を描く

・3人のグループになり「ライオンの家族」の役を相談して決める→指示通りに表現する

2003・3列に整列し、横のお友達とは頭をさげて御挨拶、後ろのお友達とは右手で握手する

2004・桃色のボールを持ってスタート→三角コーンをジグザグに駆け抜ける→前方の箱の中にある数個のボールの中から水色のボールに持ち替える→ゴム段をくぐってゴールまで駆け→次の子にボールを手渡す（桃色→水色→黄色→桃色の順にボールを替えるよう、あらかじめ指示される）

洗足学園小学校

●主な出題種目

スキップ

ケンパー

動物模倣

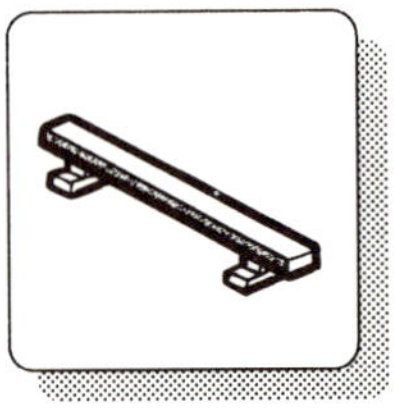
平均台

【運動テスト実施内容】

1998〈平均台〉手を開いて平均台を渡り跳び降りる
〈四足歩き〉スタートからゴールまでクマ歩きで競争する
〈スキップ〉音楽に合わせて白線の円の外をスキップで回る
〈指屈伸〉テスターのお手本を見ながら指の屈伸をする
2000〈平均台〉手を開いて平均台を渡り跳び降りる
〈クマ歩き〉スタートからゴールまでクマ歩きで競争する
〈スキップ〉音楽に合わせて白線の円の外をスキップで回る
2001〈ケンパー〉ケン・パー・ケン・パー・ケン・ケン・パーの順に行う
〈雑巾がけ〉15人程が横一列になり、スタートの合図と同時に床の空拭きを行う
〈跳び箱〉跳び箱によじ登って跳び降りる
〈かけっこ〉5人一組で20mを走る
2002〈ケンパー〉ケン・パー・ケン・パー・ケン・ケン・パーの順に行う
〈雑巾がけ〉15人程が横一列になり、スタートの合図と同時に床の空拭きを行う
2004〈ケンケン〉片足ケンケンで白線の円の外を4周する
〈スキップ〉音楽に合わせて白線の円の外をスキップで回る

【指示行動実施内容】

1999・（始めにテスターの説明を受けた後、連続して行う）平均台→スキップ→イヌ歩き→鉄棒ぶら下がり→ゴール
2003・風船を手のひらで上につきながら歩いてゆく→壁にタッチする→（復路）風船を両手で持ち、立っている子の両足の下にくぐらせる→くぐり抜けた風船を拾って次の子に渡す
2005・ボールを床で5回つく→股をくぐらせ前からうしろへつく→両手で受け止める→向いの壁にタッチする→スキップでスタート地点までもどる

千葉日本大学第一小学校

●主な出題種目

跳び箱

両足跳び

かけっこ

バランス

【運動テスト実施内容】

2002〈機敏性〉10人のグループで、鬼を決めて手つなぎ鬼をする

〈大縄跳び〉「大波小波」の縄に入り、3回跳んでから出る

〈ダンス〉セブンステップで「アブラハムの子」の歌に合わせて踊る

2003〈ボール〉テスターとゴムのボールでキャッチボールをする

〈かけっこ〉スタートの合図と同時に、白線からゴール迄全力で走る

〈バランス〉止め、と言われるまで片足で立つ

2004〈両足跳び〉白線の手前から、両足をそろえてできるだけ遠くへ跳ぶ

〈跳び箱〉跳び箱によじ登って、両足を揃えて跳び降りる

【指示行動実施内容】

2002・三角コーン→跳び箱→オットセイ歩き→平均台（途中で片足立ちし5を数える）

・リズムに合わせ、歩く→走る→スキップする→カスタネットでリズム打ち

2003・リズムに合わせて手拍子をとる→太鼓の音のところでジャンプする

2004・リズムに合わせ、歩く→走る→スキップする→カスタネットでリズム打ち

自由遊びの運動遊具

行動観察（自由遊び）の際に、過去に以下の運動遊具が用意されていました
これらの遊具を使って楽しく遊べるよう、できるだけ体験しておきましょう。

・輪投げ・フラフープ・玉入れ

田園調布雙葉小学校

●主な出題種目

身体表現

模倣体操

機敏性

ボール

【運動テスト実施内容】

1999〈玉入れ〉4人ずつのチームになり競争する
〈模倣体操〉テスターの動きを真似る（両手を頭・肩・膝などにやったり、胸の前で手の平を合わせるなどを順に示す）
2000〈身体表現〉全員で一斉に、ネコ・ライオン・泡・遊園地にある乗り物などを表現する
2002〈ボール〉床に置かれたフープの中にお手玉を投げる
〈機敏性〉ジャンケンで鬼を決めてから、鬼ごっこをする

【指示行動実施内容】

1998・2人1組になり、手と手・額と額・肘と肘をあわせる／向かい合って座り、動物カードで「神経衰弱」をする
1999・平均台→缶のポックリで三角ポールを回る→平均台を渡って戻る
2004・お弁当をいただくためのビニールシートを敷く

東京女学館小学校

●主な出題種目

バランス

かけっこ

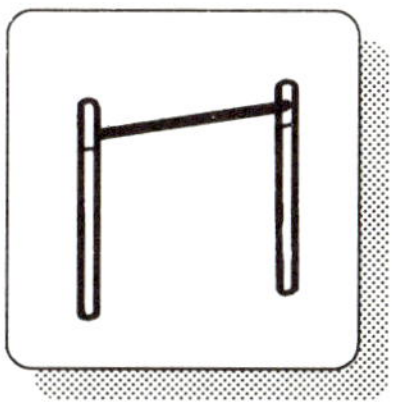
鉄棒

ダンス

【運動テスト実施内容】

2001〈かけっこ〉コーンの間を走る
〈模倣体操〉指1本～5本の手遊びをし最後に体を回転
〈ダンス〉童謡に合わせ踊る
2002〈ダンス〉音楽に合わせて、好きな楽器を鳴らして踊る
〈フープ〉テスターが転がすフープを1人ずつ追いかけて取る
2003〈鉄　棒〉両足を曲げ、合図がある迄（15秒間くらい）ぶら下がる
〈かけっこ〉ヨーイドンでスタートしコーンを1周してくる
〈バランス走〉大きなスプーンにボールを乗せて走って行き、箱の中に入れる
2004〈鉄　棒〉両足を曲げ、合図がある迄（15秒間くらい）ぶら下がる
〈かけっこ〉ヨーイドンでスタートしコーンを1周してくる
〈バランス走〉お盆の上に水の入ったペットボトルをのせて走る

【指示行動実施内容】

1999・スモックを着る→靴と靴下を脱ぐ→靴下を鞄に入れる→テスターが自分の名札と同じ色のカードを出したら近寄る→指示された数だけ拍手する
・テープを聞いて、言われた事をする（文具をしまう・スモックを畳む・缶詰を引出しに入れる）
2000・ケンケン→スキップ→笛1回の合図で走る→笛2回で反対向きに走る
2001・音楽に合わせて歩く→音楽が止まったら素早く近くのフープに入る（1つのフープに1人しか入れない）

自由遊びの運動遊具

行動観察（自由遊び）の際に、過去に以下の運動遊具が用意されていました
これらの遊具を使って楽しく遊べるよう、できるだけ体験しておきましょう。

・縄跳び・フープ・ボール・ろくぼく・鉄棒

桐朋学園小学校

●主な出題種目

ゲーム

身体表現

機敏性

リズム打ち

【運動テスト実施内容】

2000〈リズム打ち〉童謡の音楽に合わせて、隣の子と手を打ち合わせる

2002〈機敏性〉テスターの合図の言葉を聞いて、素早く座る（違う事を言っても引っ掛からないよう注意する）

〈身体表現〉机に置かれた動物や野菜を使い、テスターの話に従い物真似をする

2003〈ボール〉7～8人が一組になって車座になって座り、好きな人に向けボールを転がす。受取った人はまた、好きな人に向かってボールを転がす

〈ゲーム〉2組に分かれてドンジャンケンをする

2005〈ゲーム〉フルーツバスケットをする

【指示行動実施内容】

2002・中央を高くしたマットにハイハイで登る→イモムシゴロゴロで降りる→床の印に合わせケンパー→箱に入った紙風船を1つ取って、できるだけ多く上につく→紙風船を片足に乗せたまま、床のクネクネした線に沿い歩く

2003・クマ歩き→イモムシゴロゴロ→ケンケン→両足跳びを指示通りにおこなう

2004・平均台を渡る→マットの上にジャンプ→置いてあるボールをころがす

桐朋小学校

●主な出題種目

身体表現　　ゲーム　　機敏性　　動物模倣

【運動テスト実施内容】

1998〈身体表現〉テスターの話や音楽に合わせて、魚の真似をして動く

2001〈身体表現〉色々な動物と卵が登場する紙芝居を観た後、生まれる動物を想像しジェスチャーで表す（声は出さない）

2002〈機敏性〉黙って立ち、「ガッシャン」と合図のあった時だけ素早く座る

〈身体表現〉テスターの話に合わせて、動物の真似をして動く（机に動物の指人形と玩具の野菜などがある）

2004〈ゲーム〉輪投げをする

【指示行動実施内容】

2001・ゴム段跳び→マット上でイモ虫ゴロゴロ→ケンケンでポールにタッチ→板の上を歩く→クマ歩きで戻る→鉢巻きを畳む

2003・手拍子をする→スキップ→ゴム段を跳ぶ→平均台を渡る→マット上に跳び降りる→イモ虫ゴロゴロ

東洋英和女学院小学部

●主な出題種目

スキップ

ケンパー

ゲーム

リズム歩き

【運動テスト実施内容】

1998〈ジャンケン〉テスターと一斉に行い、負けたら座る
〈スキップ〉行進のあと音楽に合わせてスキップで円周上を進む
〈ケンケン〉床の印に沿ってケンケンで進む

1999〈ジャンケン〉テスターと一斉に行い、負けたら座る
〈スキップ〉音楽に合わせてスキップで円周上を進む
〈両足跳び〉両足を揃えて棒を跳び越す
〈平均台〉平均台を渡ってから跳び降りる

2000〈リズム歩き〉円周上を進み、カスタネットの合図で止まる
〈ケンパー〉床の印に沿ってケンパーで進む
〈スキップ〉タンバリンのリズムに合わせてスキップする
〈足ジャンケン〉勝ったら立ち、負けたら座る

2001〈スキップ〉音楽のリズムに合わせてスキップをする
〈身体表現〉音楽の途中で、好きなようにポーズをとる

2002〈スキップ〉音楽のリズムに合わせて行進したり、スキップしたりする

2003〈スキップ〉音楽のリズムに合わせて行進したり、スキップしたりする

2004〈スキップ〉音楽のリズムに合わせて行進したり、スキップしたりする

【指示行動実施内容】

2000・床にバラバラに配置された四角いシートの上で立つ→首に下げたリボンの色で指示のあった時に、他のシートへ移動する（フルーツバスケットの要領で行なう）
・ルールの説明を聞いたあと友達や在校生とドンジャンケンのゲームを行う

日本女子大附属豊明小学校

●主な出題種目

スキップ

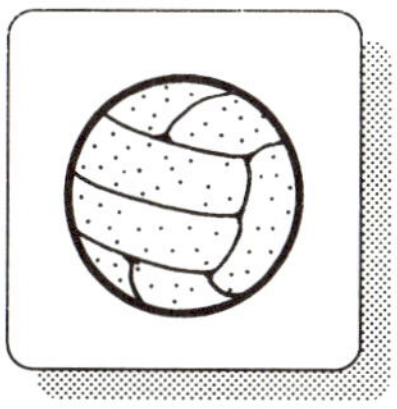
ボール

四足歩き

ケンパー

【運動テスト実施内容】

2000〈網くぐり〉上級生が上下に振る網に触れないようくぐる

〈持久力〉腕立て伏せの姿勢で台の上を、半円状に回る

〈徒　歩〉前歩き・後ろ歩きを交互に行う

〈歌　唱〉「手をたたこう」を歌う

2001〈動物模倣〉音楽に合わせ、ウサギやゾウなどの真似をして動く

〈鉄　棒〉止めの合図までぶら下がる

〈ボール〉空の絵に向かって投げる

〈スキップ〉音楽に合わせて円周上をスキップする

〈四足歩き〉クマ歩きで人形の置かれた所まで進む

〈かけっこ〉旗まで走り戻ってくる

2002〈ボール〉止まれの合図まで丸の中に入ってつく

〈ケンパー〉床の印に沿ってケンパーで進む

〈四足歩き〉クマ歩きで人形の置かれた所まで進む

2003〈スキップ〉音楽に合わせて円周上をスキップする

〈四足歩き〉クマ歩きで人形の置かれた所まで進む

〈ボール〉フープの中に入り、床にボールを2回ついてキャッチする

2004〈四足歩き〉クマ歩きで人形の置かれた所まで進む

〈ボール〉2人一組が向かい合い、床にドッジボールを1バウンドさせたキャッチボールをする

〈ゴム段〉リズムに合わせ、足をグー・パーにしてゴム段を跳ぶ

自由遊びの運動遊具

行動観察（自由遊び）の際に、過去に以下の運動遊具が用意されていましたこれらの遊具を使って楽しく遊べるよう、できるだけ体験しておきましょう。

・輪投げ・縄跳び・ボール・フープ・すべり台

日出学園小学校

●主な出題種目

身体表現

リズム歩き

スキップ

かけっこ

【運動テスト実施内容】

2000〈マット〉手本を見て、イモ虫ゴロゴロで転がる

〈平均台〉両手を広げて平均台を渡る

〈リズム歩き〉ピアノのリズムに合わせて歩く

〈身体表現〉蝶・ハチ・ウサギになって動き回る

2001〈ケンパー〉床のカメの絵を踏む

〈幅跳び〉床のワニの絵を、踏まないよう跳び越す

〈平均台〉両手を横にして平均台を渡る

〈かけっこ〉三角コーンをよけジグザグに走る

〈リズム歩き〉タンバリンに合わせて歩く

〈身体表現〉蝶・ゾウ・飛行機・ブランコ・シーソーなどの動きを表現する

2002〈ジャンプ〉天井に向かい跳び上がる

〈身体表現〉木・クマ・花・鳥・イヌ・ヒョウなどの動きを表現する

2003〈体ジャンケン〉グー＝しゃがむ、チョキ＝片手を上げ片足で立つ、パー＝両手・両足を広げるなどのルールを教わった あと、音楽に合わせて体ジャンケンをする

〈身体表現〉ゾウ・アヒル・ウサギなどの動きを表現する

〈スキップ〉ピアノの演奏に合わせてスキップする

2004〈身体表現〉太鼓の音が鳴ったら、自分の好きな動物に変身する

【指示行動実施内容】

2002・床の絵に沿ってケンパー→マット上をクマ歩き→4匹のワニのぬいぐるみを跳び越す→マットの山に登り、跳び降りる→三角コーンの間をジグザグに走る

2003・ラインにそって走る→動物の絵のところでケンパー→跳び箱によじ登ってとなりの跳び箱に跳び移る→マットの上に跳び降り→でんぐり返し1回

2004・並んで立って順番を待つ→笛の合図で片足ケンケンスタート→跳び箱に登る→ジャンプしておりる→平均台を渡る→ジャンプしておりる→三角コーンの間をジグザグに走る→ゴールして体操座り

雙葉小学校

●主な出題種目

ゲーム

模倣体操

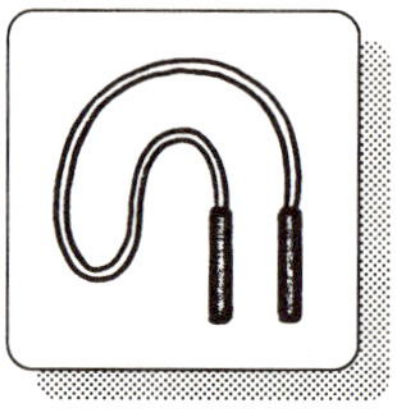
縄跳び

リズム歩き

【運動テスト実施内容】

1998〈的当て〉ゴリラの絵の的に向けてスポンジボールを投げる
2000〈模倣体操〉テスターのジェスチャーを真似てポーズをとる
2001〈大縄跳び〉『ヘビにょろにょろ』の縄を跳ぶ

【指示行動実施内容】

1999・音楽に合わせて動く、速い→走る、中位→歩く、遅い→ゾウになる
2000・ロープを輪に結んで電車ごっこをする
2001・太鼓の音で片足立ち→ベルの音でしゃがむ→ラッパの音で動物模倣（好きな動物になる）
2002・鐘の音でしゃがむ→タンバリンの音で1本足（かかし）になる→クラクションの音で動物模倣（好きな動物になる）
2003・笛の合図で平均台を渡る→床の印に沿ってケンパー→網をくぐる→カゴの中に玉入れ

目黒星美学園小学校

●主な出題種目

ゲーム　機敏性　ケンパー　スキップ

【運動テスト実施内容】

2001〈スキップ〉5人で手をつないでスキップする

〈ケンケン〉2人一組になり、手をつないでケンケンする

〈ケンパー〉手を離し床の印に沿って1人でケンパーする

〈クマ歩き〉両手をついてマットの上を歩く

2002〈リズム〉テスターの叩くリズムを真似る

〈リズム歩き〉リズムに合わせてみんなで歩く

〈スキップ〉5人で手をつないでスキップする

〈ケンケン〉ケンケンをしてフープの周りを回る

2003〈ゲーム〉ジャンケン列車をする

〈機敏性〉猛獣狩りゲーム（サル→2組、ゴリラ→3組、ライオン→4組になる）

2004〈ゲーム〉ジャンケン列車をする

〈機敏性〉猛獣狩りゲーム（サル→2組、ゴリラ→3組、ライオン→4組になる）

2005〈ケンケン〉フープの周りをケンケンで回る

〈高跳び〉ゴムに触れないように、助走をつけてゴム段を跳び越える

【指示行動実施内容】

2002・自由に動き回る→笛が鳴ったら静止→好きなポーズで寝そべる

自由遊びの運動遊具

行動観察（自由遊び）の際に、過去に以下の運動遊具が用意されていましたこれらの遊具を使って楽しく遊べるよう、できるだけ体験しておきましょう。

・ゴムボール・輪投げ・フープ

横浜雙葉小学校

●主な出題種目

かけっこ

機敏性

両足跳び

ダンス

【運動テスト実施内容】

1999〈ボールつき〉2個のポールの周りを回る（止めの合図まで行う）
〈ボール投げ〉壁の線より上に当たるようにボールを投げる
〈かけっこ〉2人で競争する
〈ケンパー〉床に描いてある印の通りにケンパーで進む
2000〈立ち幅跳び〉白線の手前から両足を揃え、できるだけ遠くへ跳ぶ
〈風船投げ〉紙風船を膨らませ、ネットを越えるよう投げる
〈かけっこ〉スタート地点と赤・青・緑の線が引かれた地点とを、指示された順に往き来しながら走る
2001〈横 跳 び〉ダンベル形に組立てたスポンジを左右に10回跳ぶ
〈かけっこ〉走って前方のコーンを回って戻る
2002〈かけっこ〉2人で競争する
〈ジャンプ〉上から吊るされた物に手が触るように高くジャンプする
2003〈スキップ〉リズムに合わせてスキップする
〈ジャンプ〉上から吊るされた物に手が触るように高くジャンプする
〈かけっこ〉2チームに分かれてリレー競争をする
〈機 敏 性〉グループ2組に分かれてそれぞれ大きなサイコロを振り、出た目の大きい方が鬼になって相手チームの子を追いかけ、タッチする
〈歌　　唱〉歌を歌う『大きな栗の木の下で』『大きな古時計』
2004〈リズム歩き〉音楽に合わせて行進する
〈機 敏 性〉ボールを上に投げ、その間に2回手を叩く
2005〈機 敏 性〉ハンカチを上に投げ、その間に手を叩く
〈ダ ン ス〉ハンカチを持って音楽に合わせて踊る
〈かけっこ〉スタート地点と線が引かれた地点との間を、走って行き来する（止めの合図まで行う）

【指示行動実施内容】

2004・両手を広げて平均台を渡る→ジャンプしておりる→三角コーンの間をジグザグに走る→最後のコーンを廻ってゴールまで走る

自由遊びの運動遊具

行動観察（自由遊び）の際に、過去に以下の運動遊具が用意されていました
これらの遊具を使って楽しく遊べるよう、できるだけ体験しておきましょう。

・的当て・ボーリング・輪投げ・フリスビー・玉入れ

立教小学校

●主な出題種目

かけっこ

ろくぼく

身体表現

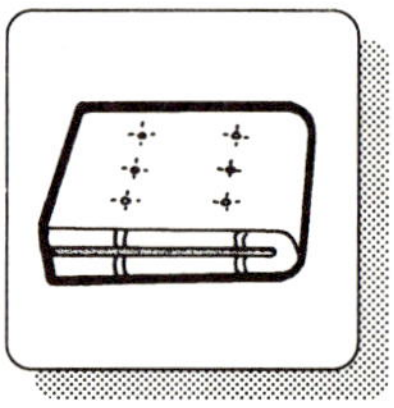
マット

【運動テスト実施内容】

1998〈かけっこ〉三角ポールの周りを回り、ゴールまで走る（5人ずつで行う）

1999〈身体表現〉『ぐるんぱの幼稚園』を聴いてから1人ずつ呼ばれ、登場する動物の様子を表現する

2001〈かけっこ〉コーン小はジグザグ、コーン大は1回廻る…などと説明を聞き、手本を見てから行う

〈ボール蹴り〉サッカーボールを、壁に立てられた鬼の的めがけ蹴り上げる

2002〈ケンパー〉床の印に合わせて2回行う

〈ジャンプ〉ろくぼくの上部につけられた線まで届くようジャンプする

〈身体表現〉『ガンピーさんのふなあそび』を聴き、劇の要領で配役を決めて動く

〈動物模倣〉挙手をして、自分ができる動物の真似をする

2003〈かけっこ〉連続運動の指示行動の中で行なわれる

〈ろくぼく登り〉ろくぼくを登って、上部のテープにタッチする

2004〈かけっこ〉連続運動の指示行動の中で行なわれる

〈ろくぼく登り〉ろくぼくを登って、上部のテープにタッチする

〈マット〉マットの上で前転をする

【指示行動実施内容】

1999・スタート→向こうの机の白玉を1つ取り、手前の机まで戻る→白玉を置き、代りに赤玉を1つ取る→向こうの机に行き赤玉を置く→手ぶらでコーンまで行って回り、ゴールまで真直ぐ戻る（5人ずつで行う）

2000・コーン小までケンケンで進む→コーン大まで走る→Uターンして走る→手前のコーンで再びUターンし、向こうのゴールまで走る（5人ずつ丸の中に並び、順番に行う）

2001・ロープの中に入る→電車ごっこで室内を走り回る→合図で止まる→ロープの輪の両端に立ち、体でロープを張って手を離したままぐるぐる回る（いずれも2人1組で行う）

2002・右足ケンケン→マット上でパー→左足ケンケン→マット上でパー→ろくぼくを登り白い線にタッチして→ろくぼくを降りて→赤いコーンの前で体操座り

2003・走る→ろくぼくを登る→ろくぼく上部に付けられたテープにタッチ→ろくぼくを降りる（とび降りは不可）→走る→床の上に印されたライン上でホップ,ステップ,マットの上にジャンプして着地する

2004・走る→ろくぼくを登る→白いマークにタッチしておりる→マットまで走る→前転1回

早稲田実業学校初等部

●主な出題種目

かけっこ

ケンパー

リズム歩き

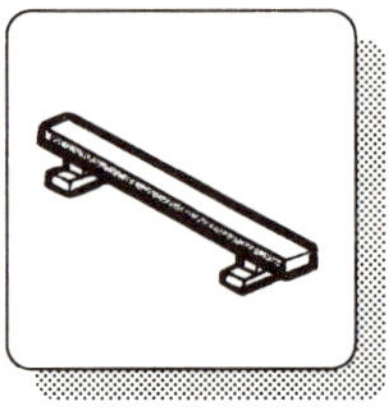

平均台

【運動テスト実施内容】

2002〈ケンケン〉白線に沿って、ケンケンをする
〈平均台〉手を広げて平均台を渡り、跳び降りる
〈徒　歩〉階段を登ってから降りる
〈後ろかけっこ〉白線に沿って、後ろ向きで走る
2003〈ケンケン・ケンパー〉丸の印に沿って、ケンケン・ケンパーで進む
〈平均台〉手を広げて平均台を渡り、跳び降りる
〈かけっこ〉階段を駆けて登り、壁にタッチしてから降りる
〈後ろかけっこ〉白線に沿って、後ろ向きで走る
2004〈ケンケン・ケンパー〉丸の印に沿って、ケンケン・ケンパーで進む
〈後ろかけっこ〉白線に沿って、後ろ向きで走る
〈徒　歩〉三段の階段を登り、名前を言い降りてきて座る
2005〈ケンケン・ケンパー〉丸の印に沿って、ケンケン・ケンパーで進む
〈かけっこ〉階段を駆けて登り、壁にタッチしてから降りる

【指示行動実施内容】

2003・「大中小3枚の折り紙の中から、中くらいの大きさの折り紙を選んで、三角になるよう半分に折る→それをまた三角になるよう半分に折る→開くところにのりをつけて止めなさい」

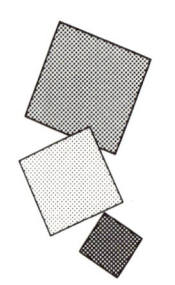

お茶の水女子大学附属小学校

●主な出題種目

ケンパー

ゲーム

四足歩き

機敏性

【運動テスト実施内容】

2003〈ケンケン〉サイコロをふって、出た面の色の三角コーンをケンケンで廻ってくる

2004〈ケンパー〉ケンパーで三角コーンを廻ってくる

〈足ジャンケン〉2列に並んで向かい合い、足ジャンケンをして、負けたら最後尾につく、

【指示行動実施内容】

1998・クマ歩きでマットまで行き、ゴム段まで走って行って跳び越え、その先の三角コーンをケンケンで回る

1999・クマ歩きでマットまで行き、その先の三角コーンをケンケンで回る

2002・「猛獣狩りに行こうよ」の歌を歌い、登場する動物の音数と同じ人数になり手をつなぐ。サル→2人組など。

・2チームに分かれ、ビーチボールドッジをする。但しボールは転がし、当たっても外には出なくてよい（男子）

・音楽や打楽器のリズムに合わせ円周上をスキップする。合図が止まったら中央の座布団に素早く座る。イス取りゲームの要領で行う（女子）

2003・『お引越ゲーム』円形に並べられた5色の輪の中に一人づつ入り、テスターが2色の名前を言ったらその色の輪の子はとなり以外の他の輪に急いで移動する

自由遊びの運動遊具

行動観察（自由遊び）の際に、過去に以下の運動遊具が用意されていました
これらの遊具を使って楽しく遊べるよう、できるだけ体験しておきましょう。

・輪投げ・大縄・フラフープ・縄跳び

埼玉大学教育学部附属小学校

●主な出題種目

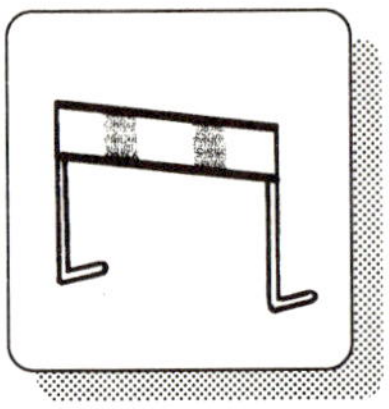

ハードル

バランス

ゲーム

かけっこ

【運動テスト実施内容】

2002〈ボーリング〉4人ずつ組になり、ペットボトルを倒すゲームをする

2003〈ジャンケン〉ジャンケンゲームをする

〈バランス〉空き缶をできるだけ高く積むよう競走でおこなう

2004〈ジャンケン〉ジャンケンゲームをする

〈バランス〉お盆に、紙コップ3つを積み上げ、向いのテーブルまで運び、置いてあるカゴに入れる（競走でおこなう）

〈ハードル〉走って段ボールのハードルを跳び越え、三角コーンを廻って戻ってくる（競走でおこなう）

【指示行動実施内容】

2001・スタート→跳び箱６段に登る→マット上に跳び降りる→高さの違うマットを跳び渡る→コーンを回り元の位置まで走る

・上り坂の平均台を渡る→下り坂の平均台（フープがトンネルのように付いている）をクマ歩きでくぐりながら渡る→高さの違う4つの跳び箱上を跳び渡り、元の位置まで戻る

2002・スタート→巻かれたマットを跳び越えながら走る→前方のコーンを回る→重ねられたマットに跳び乗る→先のマットまでジャンプして跳び降りる→元の位置まで走る

・平均台の坂（途中にボール2個が置いてある）をクマ歩きで登り下り→跳び箱によじ登る→マットに跳び降りる→高さの違う跳び箱4個を跳ぶ

2003・スタート→棒をくぐる→跳び箱に乗る→ジャンプで跳び降りる→三角コーンを廻る→跳び箱に乗る→ジャンプで跳びおりる→フープのトンネルの中をクマ歩き→高さの違う跳び箱が2つ、登って跳び移る→平均台、中央い置いてあるボールに触らないように渡る→跳びおりてゴール迄走る。

2004・スタート→ケンパー→2本の平均台の上をクマ歩き→2～5と段の異なる平均台を跳び移る→跳び降りる→ゴール

筑波大学附属小学校

●主な出題種目

四足歩き

ゴム段

ケンパー

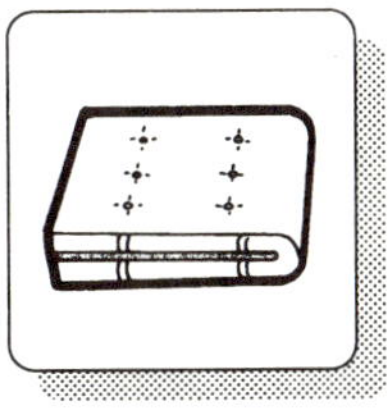

マット

【運動テスト実施内容】

2002〈四足歩き〉クマ歩きで指示された線に沿って進む
（テスターがストップウォッチでタイムを計る）

2003〈四足歩き〉クマ歩きで指示された線に沿って進む

2004〈四足歩き〉クマ歩きで指示された線に沿って進む

2005〈四足歩き〉クマ歩きで指示された線に沿って進む

【指示行動実施内容】

1998・役割を決め電車ごっこ→駅に着いたら後ろの人が先頭になる→皆で「汽車」の歌を歌う→1人ずつ好きな歌を歌う

・スタート→指示された線に沿ってクマ歩き→マットで前転→印に沿ってケンケンパーで進む

1999・マットでイモ虫ゴロゴロ→起き上がって前転→クマ歩きで印まで進む→ケンケンでゴールまで進む

2000・スタート→指示された線に沿ってクマ歩き→ゴム段跳び→四角い枠をくぐり抜ける→印に沿ってケンケンパーで進む

2001・マットで前転→立ち上がらず、クマ歩きの姿勢に→線に沿ってゴールまで進む

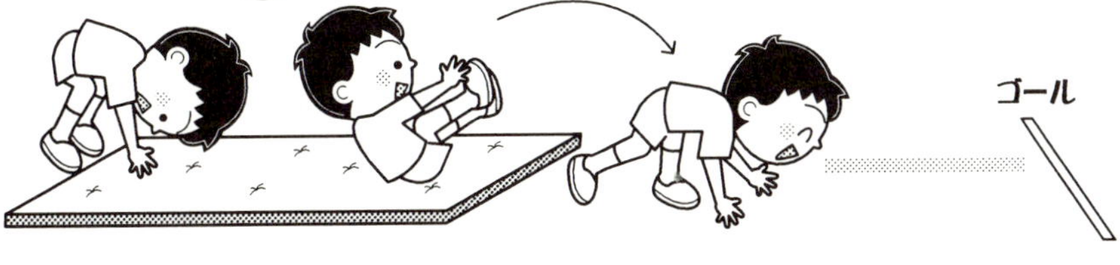

東京学芸大学附属大泉小学校

●主な出題種目

両足跳び

模倣体操

ケンパー

ゲーム

【運動テスト実施内容】

1998〈模倣体操〉テスターを真似て、両手でグー・チョキ・パーや両足でトントンを組合わせて行う

〈両足跳び〉床の白線から90センチ離れた黄線の上に跳ぶ（手前や向こう側には着地できない約束）

1999〈ケンパー〉（3人1組で行う）線を踏まないように○の上をケンケン、パーで前方の線を跳び越す

2000〈両足跳び〉（3人ずつ線の前に並び、番号を呼ばれて順に行う）手前の線を踏まないように立ち、向こうの線を跳び越す

2001〈両足跳び〉手前の線を踏まないように立ち、向こうの線を跳び越す

〈模倣体操〉テスターを真似てグー・チョキ・パーや膝屈伸などを組合わせて何回か繰返す

2002〈両足跳び〉踏切り線から約1メートル離れた線より遠くへ跳ぶ

〈ゲーム〉3個積まれた缶に向かい、玉入れの玉を投げて倒す

2003〈両足跳び〉手前の線を踏まないように立ち、向こうの線を跳び越す

〈模倣体操〉テスターを真似てグー・チョキ・パーや膝屈伸などを組合わせて何回か繰返す

2004〈両足跳び〉手前の線を踏まないように立ち、向こうの線を跳び越す

【指示行動実施内容】

2004〈ゲーム〉ルールの説明を聞いたあとジャンケン列車のゲームをする

東京学芸大学附属小金井小学校

●主な出題種目

模倣体操

両足跳び

ケンパー

ゴム段

【運動テスト実施内容】

1999〈模倣体操〉手を前や横に出してグーパーを繰り返す・膝の屈伸をする
〈ジャンプ〉「1,2,3」で高くジャンプする
〈ケンパー〉指示された線上をケンパーで進む
2000〈模倣体操〉号令に合わせてグーパー・腕廻し・ひざの屈伸をする
〈ジャンプ〉「1,2」で低く、「3」で高くジャンプする
2001〈模倣体操〉号令に合わせてグーパー・腕廻し・ひざの屈伸をする
〈ジャンプ〉「1,2」で低く、「3」で高くジャンプする
2002〈動物模倣〉好きな生き物になって、止めの合図まで動き回る
〈指屈伸〉手を前や横に出してグーパーを繰り返す
〈ジャンプ〉「1,2,3」で高くジャンプする
〈両足跳び〉床の線からマット上まで跳ぶ
2003〈模倣体操〉号令に合わせてグーパー・腕廻し・ひざの屈伸をする
〈バランス〉両手を広げて約15秒間片足で立つ
2004〈指屈伸〉手を前や横に出してグーパーを繰り返す
〈両足跳び〉床の線からマット上まで跳ぶ
〈ケンパー〉指示された線上をケンパーで進む

【指示行動実施内容】

1999・スタート→前方のゴム段を跳び越す→前方の箱からボールを1個取る→ゴム段を跳んで後ろの籠に入れる…（2回繰り返す）
2000・スタート→ポールを1周する→前方の籠のボールを1個取る→スタート地点の籠に入れる→以上を繰り返す（2回目はボール2個、ケンパーをしながら入れる）
2001・スタート→後方の箱から玉を取る→前方のゴム段を跳び越す→玉を前方の箱に入れる→ゴム段を跳んで後ろに戻る…（3回繰り返す）
2002・テスターの叩くカスタネットの数と同じ人数でグループを作って座る

東京学芸大学附属世田谷小学校

●主な出題種目

模倣体操

ダンス

リズム打ち

【運動テスト実施内容】

2000〈リズム打ち〉カスタネット・鈴・マラカス・タンバリン・拍子木・トライアングルの中から1つ選び、「アイアイ」の曲に合わせて演奏する（男子）

〈ダンス〉机の上から好きな色のハンカチを1枚取ってきて、「とんでったバナナ」の曲に合わせ自由に踊る（女子）

2002〈ダンス〉音楽に合わせて、自由に踊る

2004〈模倣体操〉号令に合わせてグーパー・腕廻し・ひざの屈伸・跳躍をする

東京学芸大学附属竹早小学校

●主な出題種目

動物模倣

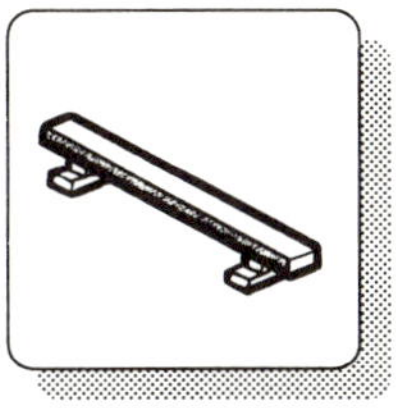

平均台

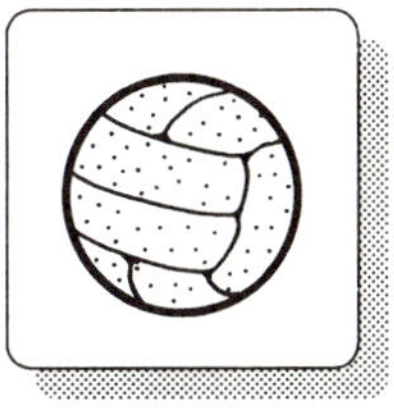

ボール

跳び箱

【運動テスト実施内容】

1998〈両足跳び〉床の○を適当に選び、ゴールまで跳ぶ

〈はしご渡り〉靴を脱いで渡る

〈平均台〉20センチ位離して平行に置かれた2本の平均台を渡る

〈トンネルくぐり〉ブロックの穴を通り抜ける

〈跳び箱〉着地後、マットに寝ている在校生を跳び越す

〈ボール〉たくさんの小さなボールを、バスケットゴールめがけて投げ入れる

2002〈動物模倣〉在校生の手本を見て、同じように動物の真似をする

2004〈動物模倣〉在校生の手本を見て、同じように動物の真似をする

自由遊びの運動遊具

行動観察（自由遊び）の際に、過去に以下の運動遊具が用意されていました
これらの遊具を使って楽しく遊べるよう、できるだけ体験しておきましょう。

・平均台・はしご登り・跳び箱・マット・ボーリング・ボールプール
・フープ・的当て

横浜国大附属鎌倉小学校

●主な出題種目

機敏性

ケンパー

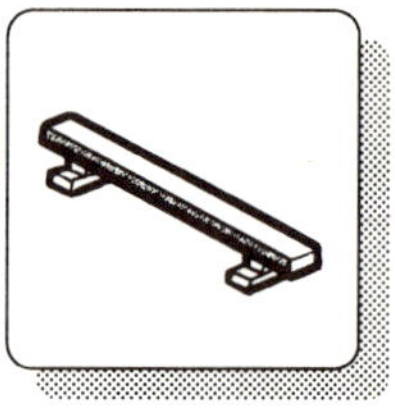

平均台

ダンス

【運動テスト実施内容】

2000〈ダンス〉テスターを真似て踊る
〈ケンパー〉床の印に沿ってケンパーで進む
〈鉄　棒〉鉄棒にぶら下がり横伝いに移動する
〈注意力〉上からぶら下がった物に触れないように移動する
〈平均台〉途中に巻き付けられた綱に触れないように渡る

2001〈リズム〉音楽に合わせて行進する
〈ダンス〉テスターを真似て踊る
〈ケンパー〉色板の印に合わせて行う
〈鉄　棒〉鉄棒にぶら下がり横伝いに移動する
〈平均台〉30センチぐらいの高さ（上に花が置かれている）のところをまたいで渡る

2002〈ダンス〉始めはテスターの真似をし、後は5人ずつで踊る
〈ケンパー〉リスのように印の石を跳ぶ
〈平均台〉リスが橋を渡るように（途中で物を拾いながら）ゆっくりと渡る
〈鉄　棒〉鉄棒にぶら下がり横伝いに移動する
〈機敏性〉床に描かれた道に沿い、線から出ないよう注意して通る（途中テスターが棒で邪魔をする）

2003〈ダンス〉テスターを真似て踊る
〈ケンパー〉音楽に合わせながら床の四角い枠に沿ってケンパーで進む
〈平均台〉途中に置いてある障害物に触れないように平均台を渡る
〈機敏性〉床に描かれた道に沿い、線から出ないよう注意して通る

2004〈ダンス〉テスターのお手本をまねながらリスになって踊る
〈ケンパー〉床の四角い枠に沿ってケンパーで進む
〈鉄　棒〉鉄棒にぶら下がり横伝いに移動する
〈機敏性〉床に描かれた道に沿い、線から出ないよう注意して通る

横浜国大附属横浜小学校 ▩ ▩ ▩

●主な出題種目

ケンパー

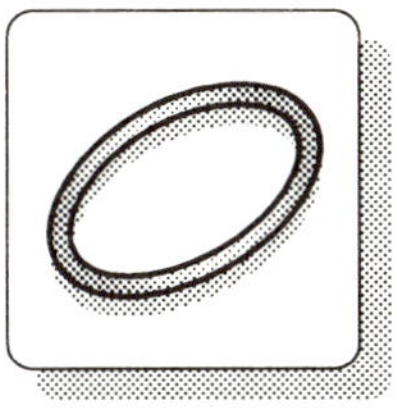

フープ

四足歩き

かけっこ

【運動テスト実施内容】

1998〈ケンパー〉床の印に沿ってケンパーで進む

〈動物模倣〉クモのようにあお向けになり、手足だけついて2本の線の間を進む

〈平均台〉ボールを頭に乗せて渡る

2000〈ケンパー〉床の印に沿ってケンパーで進む

〈ボール〉壁に向かって投げ、受けを繰り返す

〈フープ〉フープの中に立ち、手で頭上に持ち上げたり、下ろしたリを2回行う

2001〈持久力〉腕立て伏せの姿勢で、足先を軸に手だけで回る

〈タイヤ引き〉マットの山を登る

〈かけっこ〉2個の三角コーンの間を走る

〈ケンパー〉床の印に沿ってケンパーで進む

2003〈ケンパー〉床の印に沿ってケンパーで進む

〈ジャンプ〉天井に向かい跳び上がる

〈クマ歩き〉指示された線に沿って進む

〈フープ〉一人縄跳びの要領で、フラフープを跳ぶ

2004〈機敏性〉テスターの合図と同時に、並んでいる列の最後尾にまわる

【指示行動実施内容】

1999・約10人のグループで整列→1人ずつ縄跳びをする→跳び終わったら、その場に縄を置く→スキップでゴールまで行く

2002・床でアザラシ歩き→印に沿ってケンパー→跳び箱に登って、降りる→かけっこでゴール

本書の発行にあたり、以下の皆様に御尽力戴きました
心からお礼申し上げます

イラスト	くらべちづる
口絵撮影	加藤卓
スタイリスト	杉山法子
モデル	伊庭千裕
	水野風輔
	杉山萌々花
実技指導	本木貴史
スタジオ	井上敦子

小学校受験総合コース

テスト問題、楽しめますか?

ペーパーテストが行われない学校が増えています。にもかかわらず、**知的能力**をはかるテストはあいかわらず重視されています。近年ペーパーテストに代わって台頭した『行動観察』の場においても、知的能力を感じさせる子、伸びる可能性を感じさせる子を選抜することが目的であるといわれます。そこでは、子供自身が、テストの内容に、**興味を持っているかどうか**、が問われるのです。

このコースでは、まず子供に興味を持たせる、ということを大きな目的とし、『言語・常識・数量・図形・思考・記憶』の6分野すべての授業で、**300点以上のオリジナル教材**や実験道具等を使いながら指導していきます。ドリルで学習するのではなく、興味を持って学び得た成果をドリルで点検する、という進め方です。

※指導は1回120分、
週1回(1カ月4回)より。

上記の授業は複数回に分けて行う内容が含まれます。また、志望校や生徒の習得度によっては、別途〈STEP4〉〈直前完成〉〈志望校別〉等のカリキュラムを組み入れます。

■1日120分の基本授業構成

言語・常識・記憶から1コマ → 数量・図形・思考から1コマ → 絵画又は巧緻性から1コマ → お母さまへの説明

STEP 1

物の名前/仲間分け/物の用途/お話作り/絵の説明と判断/言葉の文字数/欠所補充/道徳・社会規範/体の名称/前後・左右・上下/数かぞえ/数の多少/加減、半分、同数/形の大小/長さの比較/サイコロと数/数の理解/図形の特徴と名称/図形の構成/図形の順列/図形の模写/形の推理/動物の推理/同図発見/想像力・表現力/形や感触の特徴/音や鳴き声の識別/迷路/絵のパズル構成/大きさ・形の適合/物・場所の記憶/言葉と単文の復唱/話の記憶/絵の記憶/物の記憶/物・場所の記憶

STEP 2

語頭・語尾・しりとり/反対語/話の展開『赤ずきん』/話の展開『浦島太郎』/お話作り/文章の理解/数の復唱・逆唱/単語や短文の復唱/仲間分けとその理由/生き物の種類と生態/植物の種類と特徴/四季と自然/四季と行事/公衆道徳としつけ/常識と指示の理解/判断力/生活上の一般常識/数の多少と同じ数/数の分解/左右の判別/座標(位置)/容器と水の量/水の濃度/水に浮かぶ物・沈む物/数と数字/順序数/点結び/点図形の模写/同図形の発見/鏡に映る像・水に映る像/裏側から見た物の形/地図と迷路/同じ絵を探す/系列完成/昔話の記憶/話の記憶/見た物の記憶/色や位置の記憶

STEP 3

身の回りの物/お話作り完成/語頭並べ/語尾並べ/しりとり迷路/物語作り/想像力と表現力/職業の種類と役割/野菜・果物の断面図/判断力と公衆道徳/数の概念/順序数と数詞/座標上の移動/長さ・高さ・広さの理解/数の置き換え(重さ比べ)/形の構成と分解/折り紙の展開図/形・位置・色の模写/対称点図形/絵の系列/模様の系列/四方観察/鏡に映る像/音色・強弱・音の数/絵を記号に置き換える/重ね図形(透明型)/重ね図形(不透明型)/数積み木の構成推理/回転と位置/絵の内容推理/文章の内容把握

※ 小学校受験総合コースでは、知育分野の他、『絵画・巧緻性』の授業も標準セットされています。

幼稚園受験総合コース

一人で上手に遊べますか？

幼稚園入試のメインメニューは、『行動観察と指示行動』です。

行動観察では、主に自由遊びを通して『どんな遊びに関心を示すか』『楽しく遊べるか』という点を見ます。

むろん『子供の性格』や、『日常の生活習慣』等も観察されます。

この時期の幼児にとって、遊びこそ、成長の程度をおしはかる最大の手がかりになるからです。

このコースでは、入園テストの際の『遊び』を体系的にまとめ、楽しさの中でお子さまの能力を伸ばしていきます。

一方、指示行動のねらいは、子供の『知的能力』の発達程度を評価するものです。大人の指示を理解できるか、ことばや数などについての知識が年齢相応に備わっているかなど、チェックされます。これは小学校受験のペーパーテストに相当します。

幼稚園受験総合コースでは『言語・常識・数量・図形・思考・記憶・色・リトミック・絵画・巧緻性』という10種類の分野を、すべて遊びの感覚で学べるよう、授業を組んでいます。

※指導は1回120分、
週1回（1カ月4回）より。

■1日120分の基本授業構成

言語・常識・記憶から1コマ → 数量・図形・思考から1コマ → 絵画又は巧緻性から1コマ → リトミック → お母さまへの説明

■ 教材リスト

アニマルカード／池作りセット（池板、爪楊枝・金魚・メダカ・おたまじゃくし・コイ・人形）／色板台紙／色板／腕人形／絵カード／絵本『しろくまちゃんのホットケーキ』／絵本『金太郎』／絵本『三匹の子ぶた』／折り紙／お話展開シート／おはじき／お話シート『街の修理屋さん』／音楽カセット／カスタネット／紙芝居『お母さまの1日』／カラーマッチサイコロ／カラー軍手／形なぞり絵／かくれんぼセットA（動物園額縁・シート『森』・シート『のぞき穴』）／かくれんぼセットB（かくれんぼ動物・キリン・象・シマ馬・うさぎ・犬・猫・鶏・カエル）／紙芝居『ジャックと豆の木』／カラー風船シート／楽譜『八百屋のお店』／画用紙／色画用紙／キルティングワーク／金太郎シート／クリアボードセット（クリアボード・クリアボード台紙）／クレヨン／クーピーペン／ケーキ作りセット（ケーキの絵・イチゴろうそくシール・紙コップ3）／昆虫の国セット（昆虫の国シート・昆虫チップ）／公園セット（公園シート・動物人形3種類・リングセロファン・紙ヤスリ・モール）／サンドイッチセット（サンドイッチ大中小・ケース大中小・動物人形／象・うさぎ・ねずみ）／三匹の子ぶたセット（子ぶたの家3棟・子ぶた3種類・狼）／シャボン玉台紙／ジャンケンペープサート（グー・チョキ・パー各2枚・割り箸）／自由画帳／水族館セット（穴あきボール紙・イカ・タコ・亀・かに・くじら・たい・糸・爪楊枝）／セロテープ／宝箱／積み木／鳥の国セット（鳥の国シート・鳥の国シール）／タンバリン（ミニ）／トンネルセット（トンネルシート・カラーボール・ミニ輪ゴム・カラーサイコロ・ストロー）／動物園作りセット（動物の体・顔各5、柵、人形2）／動物絵パズルセット（動物絵パズル4種類・動物の家ボード）／仲良しペープサートセット（ペープサート文章付8枚・絵のペープサート8枚・割箸）／粘土／乗り物セット（乗り物シート・乗り物チップ・磁石）／花の形カード／はさみ／福笑いセット（福笑いパーツ・福笑い台紙）／ふりふり人形セット（ふりふり人形パーツ・割ピン）／フープセット／フルーツポンチセット（フルーツ詰め合わせ・おたま・クリア深皿2・ボール）／ホチキス／ボーリングセット（ボーリング・フープ・得点シート）／丸折り紙／ままごとセット（野菜・果物・食器・調理器具・ままごとシート）

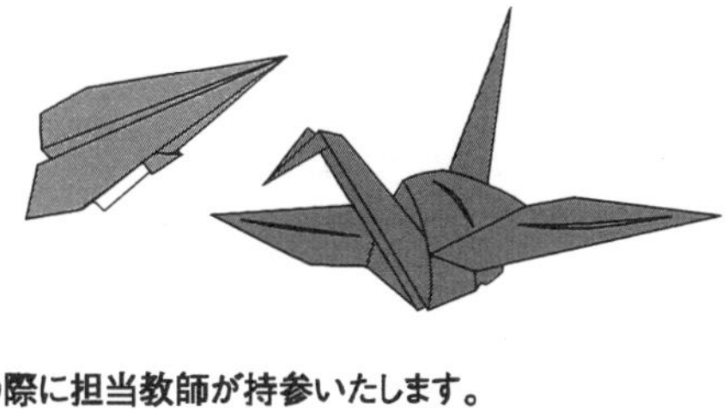

※上記使用教材は、各授業の際に担当教師が持参いたします。

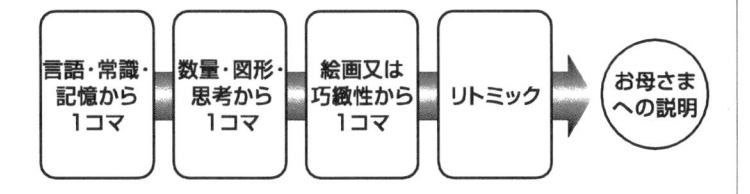

絵画
巧緻性
コース

お箸を上手に使えますか？

「こうちせいの授業」と聞くと、まず、『製作物』をイメージされるかも知れません。確かに『製作』も巧緻性の一つではあります。しかし小学校入試の巧緻性テストの約60パーセントが**『生活の上で必要な作業』**（ハサミを使う、箸を扱う、ヒモを結ぶ、衣類をたたむ…等）です。

製作も、こうした指先作業の延長上にあるものと考えられます。

巧緻性テストの着眼点は、第一に、日常の**『生活習慣』**です。

子供が育っていく過程で誰でも出来る基本的なことがらに、親の眼が向けられているか、ということが問われます。

一方『絵画』のテストでは、楽しかった思い出を描かせることで**家庭の様子**を観察したり、自由画から**子供の情緒**を推察しようとする傾向があります。

絵画巧緻性コースでは、『お絵描き』や『折り紙』、『ままごと』、『製作』等のテーマについて、たんに出来るようにするだけでなく、楽しみながら、生活上必要な基本的能力を身につけていただけるよう、綿密なカリキュラムを組んで指導しています。

※指導は週1回（1カ月4回）より。

■1日120分の基本授業構成

導入のお話し
絵画実技
導入のお話し
巧緻性実技
お母さまへの説明

（絵画、巧緻性とも実技に入る前にイメージを引き出すための対話を行っています。）

**製作編
作品例**

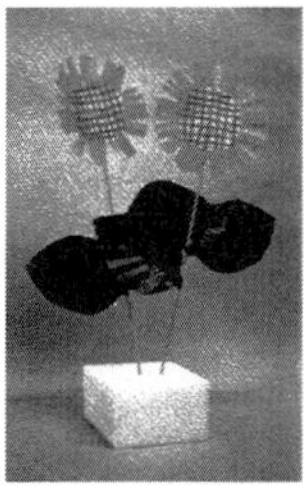

**生活編
作品例**

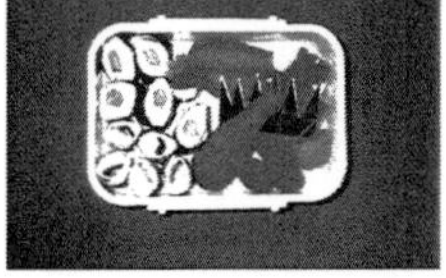

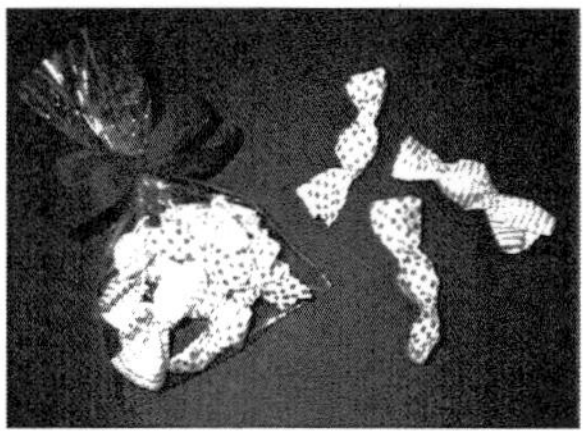

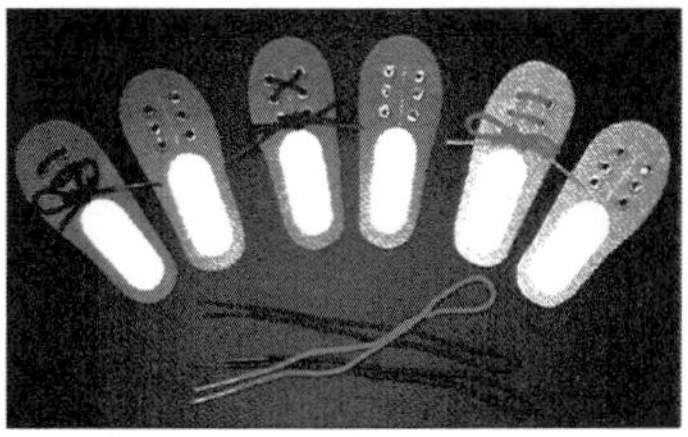

■1日120分の基本授業構成

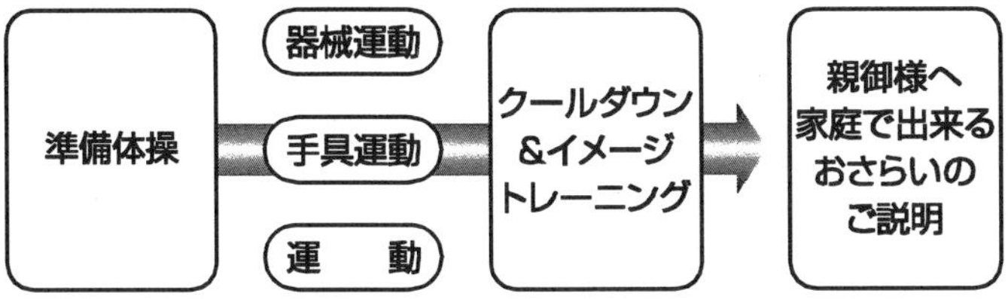
準備体操
器械運動
手具運動
運　　動
クールダウン
&イメージ
トレーニング
親御様へ
家庭で出来る
おさらいの
ご説明

1. 平均台
2. マット
3. ボールつき
4. ボール転がし
5. ボール投げ
6. ボール受け
7. ドリブル
8. ゴム段
9. 跳び箱
10. 鉄棒
11. 縄跳び
12. 玉入れ
13. 的当て
14. 徒歩
15. 後ろ歩き
16. かけっこ
17. ケンケン
18. ケンパー
19. グーパー
20. 立ち幅跳び
21. 走り幅跳び
22. フープ
23. ハードル
24. リズム歩き
25. スキップ
26. ジャンプ
27. バランス
28. 体支持
29. 四つ足歩き
30. 屈伸・柔軟
31. 機敏性
32. リズム打ち
33. 動物模倣
34. 身体表現
35. 模倣体操
36. 指示行動
37. ダンス
38. 姿勢指導
39. 点呼指導
40. 待機指導

運動テスト演習 コース

めざす姿、それは バランスのとれた成長。

私立・国立小学校の入学考査では、知的能力に加え、身体的能力もテストされます。むしろここ数年では**『運動テスト』**の占めるウエートが一段と高まる傾向を示しています。

テストの中で評価されるポイントは、必ずしもその種目の出来・不出来ばかりとは限りません。取り組む姿勢や、テスト全体を通した子供の態度など、様々な点が評価の対象となります。

静かに順番を待ち、名を呼ばれたら元気よく手を挙げて返事をし、そして見事な実技をこなす。この三拍子が揃って出来た子供からは、まさに**心身共にバランスのとれた成長**がうかがえます。

ルーブルの運動テスト演習では、志望校の予想種目習得にとどまることなく、期待される受験生の全体像確立までを、常に心がけています。

屋内演習は御自宅のお部屋をお借りし、屋外演習は近隣の児童公園等を利用します。指導に担る教師は、**すべて体育大出身の運動専門教師**です。

※指導は1回120分、週1回（1ヶ月4回）より。

ルーブルの書籍ご案内

お母様の手で指導する

小学校受験の絵画 改訂版

簡単な絵描き歌を手始めに、動物画から人物画そして想像画へと、遊びながらお絵描きを身につける。絵が苦手だったお母様まで、描くことが好きになってしまう受験絵画の指導書。

監修／久保田百合子

●学校別出題データ収載

定価 3,364円（本体3,204円＋税）

お母様の手で指導する

小学校受験の巧緻性2005

巧緻（こうち）とはこまかい作業を上手にこなす意味。本書では箸の使い方や紐の結び方等の基本的な生活面から、折り紙や製作物まで、巧緻性を磨く工夫や作品作りのコツを詳しく解説。

監修／山脇治子

●学校別出題データ収載

定価 3,364円（本体3,204円＋税）

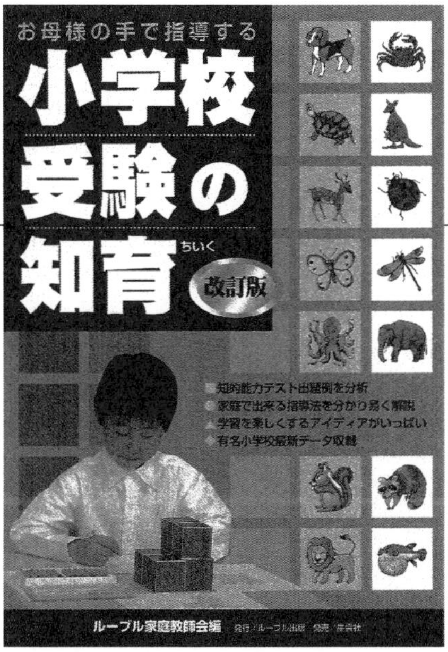

お母様の手で指導する

小学校受験の知育／改訂版

入試の中心をなす知育（言語・常識・数量・図形・思考・記憶）の指導法を家庭で行えるよう、分野別にわかり易く解説。小学校受験の専門教師21人の英知を結集した画期的な指導書。

ルーブル家庭教師会編

●学校別出題データ収載

定価 3,364円（本体3,204円＋税）

●入園テストのメニューを総点検
●ここが行動観察のチェックポイント
●遊び方から、その子の素質が見える

お母様の手で準備する

幼稚園受験2005

●入園テストのメニューを総点検
●ここが行動観察のチェックポイント
●遊び方から、その子の素質が見える

ルーブル家庭教師会編

●幼稚園別出題データ収載

定価 3,364円（本体3,204円＋税）

お母様の手で指導する
小学校入試
指示行動と運動

2005年4月4日　初版発行

編　集　ルーブル家庭教師会
構　成　株式会社デックス
発行者　植草勲
発行所　ルーブル出版
　　　　東京都目黒区青葉台4-5-3
　　　　電話03-3485-1753
発売元　株式会社星雲社
　　　　東京都文京区大塚3-21-10
　　　　電話03-3947-1021
印刷所　カスヤ多色印刷